信息资源若干问题研究

侯卫真 著

電子工業出版社·
Publishing House of Electronics Industry
北京·BEIJING

图书在版编目（CIP）数据

信息资源若干问题研究 / 侯卫真著.—北京：电子工业出版社，2024.1
ISBN 978-7-121-47100-1

Ⅰ.①信…　Ⅱ.①侯…　Ⅲ.①信息管理—研究　Ⅳ.①G203

中国国家版本馆 CIP 数据核字（2024）第 010166 号

责任编辑：冯　琦　　　　文字编辑：赵　娜
印　　　刷：北京建宏印刷有限公司
装　　　订：北京建宏印刷有限公司
出版发行：电子工业出版社
　　　　　北京市海淀区万寿路 173 信箱　　邮编：100036
开　　本：720×1000　1/16　印张：13　　字数：188 千字
版　　次：2024 年 1 月第 1 版
印　　次：2025 年 3 月第 2 次印刷
定　　价：80.00 元

凡所购买电子工业出版社图书有缺损问题，请向购买书店调换。若书店售缺，请
与本社发行部联系，联系及邮购电话：（010）88254888，88258888。
质量投诉请发邮件至 zlts@phei.com.cn，盗版侵权举报请发邮件至 dbqq@phei.com.cn。
本书咨询联系方式：（010）88254434，fengq@phei.com.cn。

前　言

近年来，大数据、人工智能等概念十分流行，大有淹没由"数据、信息、知识及信息资源"等概念构成的旧信息概念体系的苗头。因此，用大量的文字讨论信息资源的若干问题，似乎有些不合时宜。

无论信息资源是否还是社会的中心话题和研究前沿，在本书的认知体系中，信息资源都是默认的、不可替代的基本社会资源，同时，它也是所有社会活动必要的、基本的构成要素。

基于上述认识，我们从信息与物质世界的关系、生命体信息资源、人类认知行为与信息资源等基本范畴出发，讨论信息资源，进而提出信息资源的概念。

对信息资源这一客观事物而言，至今没有令人信服的具有共识性的统一概念表达。笔者在本书中探讨信息资源概念范畴，并提出自己的观点。对"信息资源"一词最简单的理解就是"信息的来源"，否定了为"信息资源"赋予"信息集合"意义的常见概念表达，也否定了将"信息资源"中的"信息"作为"资源"的修饰，这里强调"信息"是"信息资源"的中心概念。特别厘清了"数据"概念及其在信息资源概念体系中的意义，为信息资源的概念赋予了比较清晰、确定的意义。

信息资源作为信息的一种存在形式，具有一般信息的形式化特征。早期，香农从信号通信的角度探讨了通过符号传递信息的一般过程及信息量计量，并给出了信息熵的数学表达式，为信息论奠定了基础。本书尝试将香农的通信过程模式拓展到信息资源这个特定信息存在形式中，并将其概括为信息资源发挥效用的一般过程模式。同时，本书还阐释了信息熵在信息资源概念范畴中的意义。这对于从信息论的基本理论层面认识信息资源

问题具有基础性作用。

信息资源是以信息为核心内涵的泛信息概念，研究信息资源问题，必须研究与信息概念直接相关的数据、知识的概念内涵与外延，以及这些相关概念与信息概念的关系，在此基础上，才能了解信息资源问题所涉及的基本范畴，了解如何在信息资源中获取信息、如何正确地获取信息、如何获取正确的信息。因此，我们以"信息概念论"为题，讨论信息资源范畴内的信息及相关的概念。通过对信息相关概念的讨论，我们特别提出了具有普遍性的信息概念：信息是以人类需求和行为目的为确定值的一种概率分布。

信息的主体是人，准确来讲是人的大脑和意识；人在接收信息需求后，会获得信息、处理信息和利用信息。在人工智能大行其道的当下，人工智能模型、大数据模型在海量的信息资源中通过运算所获得的结果，都是知识而非信息，人们会根据自己的信息需求在知识结果中获取信息。因此，探讨人脑机制、意识活动机制和信息的关系是非常有必要的。信息资源的有效性和人工智能的适用性，都取决于对人类大脑机制和意识活动机制的深入研究。本书对该范畴的问题专设一章进行探讨，目的就是把对信息资源的研究建立在对人类意识活动机制充分理解的基础上。

在探讨人的意识活动机制和信息的关系后，本书将关注点放在更具体和显性的认知活动与信息的关系范畴。如前所述，在本书定义的信息概念中，人的信息需求和人的行为目的具有确定性意义。因此，人们从海量信息资源中获取信息，不仅要关注数据或数据集合的意义本身，还要建立数据或数据集合提供的事实要素与人的行为目的规定的价值要素的关系，这样才能获得有效的信息。

在《道德经》中，对人的价值取向制约认知结果的问题有比较深刻的论述。本书将对这一重要思想的初步研究作为附录，以供读者参考。

本书的最后一个议题是信息资源的社会机制，从信息过程与信息资源效用、信息资源的补偿效用、大数据时代、一致性共识、规范概念表达等方面探讨了信息资源社会机制中比较主要的问题。

在信息资源范畴内，需要探讨的问题是比较多的，本书虽然力求在信息资源的基础研究方面都能有所贡献，但因笔者研究能力有限，如有疏漏和错误之处，敬请读者谅解和指正。

本书得到了中国人民大学学术研究基金的出版资助，特此声明感谢！

侯卫真

2024 年 1 月于北京

目　录

第1章

信息资源的范畴

1.1　信息与物质世界的关系

在当今的主流话语体系中，将当下的社会形态或当下的人类进化阶段称为"信息社会"。虽然处在信息社会中，但人类对"信息"这一概念至今没有形成具有普遍意义的共识。

要探究信息的本质，需要询问：信息和物质的关系是什么？信息和意识的关系是什么？从哲学的角度来看，信息究竟是主观的还是客观的？关于这些问题的答案，在香农创建"信息论"并为"信息"这一概念赋予确定的意义之前，没有人能够有意识地回答它，因此这一概念不在科学研究的范畴内。

随着人类对物质世界探索的深入，越接近终极探究，物质与信息之间的界限越模糊，当人类已经无法用既有的物质概念范畴解释物质世界时，人们开始选择使用"信息"概念范畴来解释终极物理现象；只有科学意义上的"信息"概念登上人类认知世界的舞台，才能解释这个"物质"的世界：在微观宇宙认知层级，量子力学理论是如此；在宏观宇宙认知层级，全息宇宙理论也是如此。

著名物理学家惠勒提出了他的观点：万物源自比特。这种观点已经完全超越了经典物理学的概念范畴，是一种完全非物质性的极端观点，在惠勒的话语体系中，信息是第一性的，物质是第二性的。换言之，任何事物（任何粒子、任何力场）的功能、意义和存在本身都完全（即便在某些情境中是间接的）源于比特。

量子理论学家克里斯托弗·富克斯认为：物理学是该另起炉灶了，无论其是否精致和数字化，都要在更深的层次用新的原理来解释世界[1]。理由很简单——量子力学就是围绕信息展开的[2]。

天体物理学家在研究黑洞时，也被信息问题困扰。霍金根据量子效应和广义相对论，认为黑洞会辐射粒子，即黑洞会缓慢蒸发。问题在于，霍金认为该辐射是热辐射，毫无特征，不携带任何信息。根据量子力学的原理，信息不灭。如果信息会消失，就违反了所有可能事件的出现概率之和总为 1 的原则。基于信息会消失这一设想，霍金认为，在引力坍缩中，物理学会失效。

在传统的信息观念中，信息只与人类和人类社会有关，这种观点的基本假设如下：信息是人类意识的产物，是人类对物质世界的表达形式。随着人类对世界认识的深入，对信息本质的认识也在不断演化。曾有物理学家提出，土、气、火、水，归根结底都是由能量构成的，但其不同的形态却是由信息决定的。做任何事都需要能量，而要明确说明做了什么却需要信息。换言之，虽然世界是物质的，但其形式和属性是信息的。对于物质而言，只要其存在，就会有属性，其属性表达是客观的和必然的，即物质存在的信息是客观的、必然的。客观指物质的信息性与人类意识、认知无关；必然指物质之间的关联、物质的性质是信息性的。电

1. John Archibald Wheeler. At Home in Universe[M]. Now York: American Institute of Physics, 1989.

2. 詹姆斯·格雷克. 信息简史[M]. 高博，译. 北京：人民邮电出版社，2013.

子如果不表达负电性，就无法与表达正电性的质子建立关系；负电性就是电子的信息性。某个物质存在多向属性表达是为了建立多向关系；关系维度越多，方式越复杂，信息表达就越复杂。在物质存在关系中，人类以第三者身份加入，并把物质存在的关系作为观察对象，就必然破坏物质存在信息的客观性和必然性。离散性和连续性、不确定性和确定性、各种数学假设，以及空间态、时间态等，都是人类观察物质存在的认知范畴的基因和框架。由这些基因和框架可知，我们观察物质存在所获得的信息，无论有多么客观，其实都是被人类认知范畴所规定的物质存在及其信息表达，因此信息既是物质存在的客观属性和形式，也是人类以自己的认知结构对物质属性的表达。本书定义"信息"这一概念的基本逻辑前提如下：物质存在客观的、必然的信息，但我们无法对其进行界定，我们所能定义的只能是基于人类认知结构的信息。量子力学的波粒二相性信息，是人类认知范畴内的物质形态，这一物质形态既不能被完全定义为离散的"粒"，也不能被完全定义为连续的"波"，当人类感知并扰动这一物质形态时，"它"在人类的认知范畴内就由不确定性坍缩为确定性，确定性的信息态符合人类的认知方式，如果不如此，人类就不知道"它"是什么，也就没有了信息，就违背了信息守恒的幺正性。

量子力学的发现，使得人类必须用有别于经典物理学的新认知体系来阐释物质存在，需要用信息学的概念体系来解释物质存在。正如著名物理学家惠勒给物理学家和计算机科学家开出的任务清单所展示的：信息论的使命异常艰巨[1]。例如，"将弦论和爱因斯坦几何动力学的量子版本从连续系统的语言翻译成比特语言。""充分发挥想象力，逐一梳理

---

1. John Archibald Wheeler. Information, Physics, Quantum: The Search for Links[J]. Proceedings of the Third International Symposium on the Foundations of Quantum Mechanics, 1989:14.

数学（包括数理逻辑）所提供的每种可用于从整体而非细节层次处理定理的强大工具，并将其引入比特的世界。""从计算机程序的顺序演进中发掘、整理和展示每个能揭示物理学层层递进结构的特征。"

　　这些提法给我们的启发是：物理学家已经深刻意识到，物质世界是需要也必须使用信息论来解释的，也许比特才是世界的本质。换一个角度来看，量子力学的提出，为信息科学提供了更符合世界本质特征的、不受人类简单认知结构限定的、具有叠加态的、概率性的、超越经典时空概念的新型信息学基础。

　　经典的比特需要有两个确定可区分的状态表达，如半导体中的电子通过状态和不通过状态，据此可以选取确定的值：0 或 1。在量子系统中，这种非此即彼的可靠区分被量子态的概率性取代。根据海德堡测不准原理，当测量了一个量子对象的某个属性时，就无法准确测量与之互补的属性。例如，粒子的动量与位置是不能同时被准确测量的。其他互补的属性也是如此，如粒子自旋的不同方向与偏振态的不同方向。因此，量子比特要由能可靠区分的量子态表示，如垂直偏振态；同时存在处于两者之间的量子态连续统，它们会以不同的概率趋于 0 或 1，在不确定的情况下，它既是 0，也是 1；既不是 0，也不是 1。因此，量子比特是一种态叠加，这种量子态叠加特征，使得量子比特的表达能力比经典比特高得多。例如，用经典比特操纵 n 比特，有 2^n 种可能的状态；而进行量子计算，量子比特的状态空间会大得多，可以表示为 C^{2^n}，C 表示经典比特位。

　　量子纠缠为信息科学带来了新的基础。一对相互纠缠的量子，作为整体具有确定的量子态，而对于一个量子来说，其量子态是不确定的。最早提出量子纠缠概念的是爱因斯坦，薛定谔为其命名。

　　1935 年，爱因斯坦与另外两位物理学家——鲍里斯·波多尔斯基、纳森·罗森合作完成了著名的论文《量子力学对于物理实在的描述能被认为是完全的吗》，该论文首次提出了量子纠缠的概念[1]。爱因斯坦设想，由一个原子发射的两个光子，会以某种特别的方式相互关联，只要这两个粒子相互纠缠，即使两个粒子相隔遥远，其中一个粒子也会对另一个粒子产生影响，如果一个测量者得知粒子处于偏振态，另一个测量者观测的粒子也会在对应的轴上表现为确定的偏振态。这一特性意味着测量效应的传播速度明显快于光速，这似乎违反了爱因斯坦提出的"定域性"原理，即在任何空间中相互影响的速度都不能超过光速，因此爱因斯坦无法接受这种现象，他认为，"这种现象不可能在任何合理定义的现实中发生"。并把这种现象命名为"鬼魅似的超距作用"。时至今日，人类也不能合理解释这种 EPR 佯谬（以爱因斯坦、波多尔斯基和罗森的姓氏首字缩写命名）。无论如何，量子纠缠现象正成为未来量子通信的基础原理。

1993 年，查尔斯借助量子纠缠实现了量子隐形传态协议。首先，制备一个纠缠粒子对（粒子 1 和粒子 2），将粒子 1 发给爱丽丝，将粒子 2 发给鲍勃。在爱丽丝这里，粒子 3 携带一个想要传输的量子比特。虽然爱丽丝无法直接测量粒子 3，但她可以测量粒子 3 和粒子 1 的关系，并通过经典信道将测量结果传给鲍勃。这个测量会使粒子对的纠缠态坍缩，但鲍勃通过将量子纠缠和爱丽丝的测量结果结合，可以还原粒子 3 的量子信息，即粒子 3 携带的量子比特无损地从爱丽丝处传到了鲍勃处，但粒子 3 本身没有被传输。很明显，这个量子隐形传态的信息传输还是要借助经典信道的，因此它限制了整个量子隐形传态的速度，使得其无法超过光速。

早在 1984 年，本内特（Bennett）和布拉萨德（Brassard）就提出了量子密码协议，即 BB84 协议。该协议利用量子态叠加原理及量子不可

1. Albert Einstein, Boris Podolsky, Nathan Rosen. Can Quantum-Mechanical Description of Physical Reality Be Considered Complete[J]. Physical Review, 1935: 777-780.

复制性构建量子密码，将其以密钥的形式分给信息的收发双方，形成了"量子密钥分发"，为量子通信加密提供了重要路径。

量子力学的发现及其在信息领域的广泛和深入应用，彻底改变了经典信息学的理论架构和认知模式。

第一，经典信息学"非此即彼"的确定性认知模式，更趋向物质存在的现实，物质存在之间的关系、自存态是不确定的、概率性的，确定性的认知不过是我们认知结果的坍缩态。基于这一点，我们对信息学中的信息资源与信息个体的关系，统计数据、正态分布等全体性数据与个人信息之间的关系，以及在社会信息范畴内的数据集权与信息自主等，都有规定性的意义。

第二，人类是物质存在的第三方和观测者，因此我们获得的信息不可能是物质存在的客观的、必然的信息，而是受人类意识和认知框架扰动的信息，不存在绝对客观和必然的信息。在量子层级，海德堡测不准原理可以支持这一判断，但粒子的动量和位置在物质存在中，一定不是独立的，人类的认知结构决定了它们的分立。在宏观领域，宇宙的膨胀与收缩问题、宇宙分布的均衡性问题、不可见的暗物质与暗能量问题等，都反映了人类认知框架的局限性。人类的认知可能正逐渐接近客观的、必然的信息，但也可能与这些信息渐行渐远。信息是我们对客观的、必然的物质存在信息的认知结果。

第三，每个量子变量都涉及概率，这使得计算的难度很大。同时量子计算是基于量子态叠加的、基于量子纠缠的，与经典计算相比，量子计算能力呈指数级升高，超强的并行计算能力使得量子计算机可以解决某些我们过去认为不具备计算可行性的问题，如大数的因子分解问题。现在人们已经认识到，量子计算是一场革命，特别是彼得·肖尔（Peter Shor）提出了用编程解决大数因子分解的肖尔算法，使人们进一步看到了量子计算的巨大潜力。这预示着信息资源的获取可以从统计性信息层次跃入个性信息层次，从集中式人工智能阶段跃入普遍化人工智能阶段。对于行为个体而言，信息不再是数据素材或知识素材，而是行动的驱动力。

1.2　生命体信息资源

认识了物质存在中信息的客观性和必然性，人们对信息本质的认知就有了根本性提高。物质存在是如何表达完整信息的？这是人们特别关心的问题。人们通过对生物基因的深入研究发现，生物基因向人们完美展现了信息因子如何以某种逻辑和特定结构构成具有不同功能的或完整的生命体，以及如何操作信息因子以组合方式扩展生命或实现生命的延续。

量子力学的奠基人之一薛定谔在思考基因问题时，曾尝试用莫尔斯电码来比拟。薛定谔意识到，莫尔斯电码仅使用了两个符号，以有序的方式组合起来，就能表达人类的所有语言，那么人类的遗传基因是否也是以这样的方式表达的呢？他猜想："只要有了基因的分子图景，我们便不再无法设想，如此微型的编码如何既能对应一个高度复杂而又具体明确的发育计划，又能以某种方式包含执行计划所需的方法。"薛定谔的猜测被后来的生物学研究基本证实[1]。

后来的生物学研究发现人类是由约 32 亿个 DNA 碱基和约 21000 个基因所表达的蛋白质构成的高等生物。人类这样复杂的生物形态递归到基因层级，其实就是由 4 种核苷酸以特定的编码方式组织起来的。

---

1. Erwin Schrodinger. What is Life[M]. Cambridge: Cambridge University Press, 1967.

这 4 种核苷酸是物质的基本因子，它们的基本生物使命就是作为信息因子，通过组合来记载和传递生命的全部特征。正如物理学家伽莫夫描述这种特征时所说的，任何活的生物都是由"四进制系统的一个长长的数"决定的[1]。因此，与其说这些碱基是物质性的，不如说它们是信息性的，复制 DNA，就是复制信息；制造蛋白质，就是转移信息、发送信息。

在基因的编码体系中，DNA 是由 4 种核苷酸组成的，每种核苷酸都包含被简写为 A、G、C、T 的碱基中的一种。其中，A 是腺嘌呤（Adenine），G 是鸟嘌呤（Guanine），C 是胞嘧啶（Cytosine），T 是胸腺嘧啶（Thymine）。这 4 种碱基是基因编码的基本因子，相当于语言体系中的字母。这些碱基按照特定的序列被一条长链连接，两条长链上的碱基配对结合后就形成了 DNA 双螺旋结构。

DNA 要实现两种不同的功能：一是保存信息；二是传递信息。DNA 保存信息是通过它的自我复制实现的。DNA 有双螺旋结构，在这个螺旋长链上，每 3 个核苷酸碱基编码组成一个氨基酸，构成一个信息单元，这样的信息单元被线性排成一串，存储着遗传信息，使得子代出现与亲代相似的性状。人类的几万个基因，存储着生命孕育生长、凋亡过程的全部信息，通过复制、表达、修复，完成生命繁衍、细胞分裂和蛋白质合成等重要生理过程。DNA 能够将所保存的信息发出去，以构成生物。为了使 DNA 的遗传指令能够有效传递，指导蛋白质合成，细胞会将一种被称为核糖核酸（Ribonucleic Acid，RNA）的分子作为中介。RNA 是通过转录过程，以 DNA 为模板生成的。RNA 是信使，它会将细胞核中的 DNA 遗传指令传到细胞质中，使得蛋白质可以在细胞质中通过翻译过程被合成。翻译过程将每 3 个 RNA 碱基翻译成一个所对应的氨基酸，

1. 詹姆斯・格雷克. 信息简史[M]. 高博，译. 北京：人民邮电出版社，2013.

因此 RNA 中的碱基序列最终会被翻译成一个由不同氨基酸组成的长链，从而构成特定的蛋白质。

人类基因组包含约 32 亿个 DNA 碱基和约 21000 个基因，它们通过双螺旋结构串联在一起，构成了一个结构简单但内容极为丰富的信息体系。这个庞大的信息体系的不同序列组合的直接目标是构成特定的蛋白质。这些基因片段或基因组合所记录或表达的数据，是它们在漫长的时间里与特定的生存环境进行交互或在生存功能优化选择过程中确定下来并编码到基因序列中的，有些编码组合可能几百万年间都没有发生变异或序列的调整。基因组对某种生物的生存态或功能态属性形成稳定的记载和描述，并通过特定的符号组合和序列确定生物的生存态和功能态属性，这个基因组在信息学上可以被看作一个强有序信息组合，其具有强结构性，是一个低熵的信息结构，但是单基因无法构成生物。基因相互合作，在生物的发育过程中各司其职，每个基因都与成千上万个基因进行交互，甚至与"微生物基因组"进行竞争性合作，产生的种种效应在时间和空间上延伸。基因在构成整体时的趋向性，以及基因在趋向整体效应中的信息选择，就是基因的信息指向性、趋向性。

生物基因组是一个庞大的信息资源库，在这个信息资源库中，记录着几百万年甚至更长的时间里，生物与其生存环境不断交换信息所积累的全部数据。在这个巨大的信息资源库中，使用了编码结构简单、方式确定，记录、复制、转录、翻译和传递机制完善，内容极为丰富且整体性能稳定、健全的数据组织方法，形成了非常有效的信息资源体系。驱动这个信息资源体系运行的内在动力是"整体指向性"。

生物基因组信息资源的"数据性"特征明显。第一，精密的编码体系是对构成蛋白质的性状、结构序列、作用机制等所有生命繁育进程既有属性的记录，生物与环境交互的不确定性，已经被精密的基因编码整序为确定的事实，且记录的事实必须具有确定性，与环境经历了亿万年交互形成的特性才能被复制和繁育。第二，内容极其丰富的生物基因组信息资源的编码使用的符号、结构规则十分简单，这种信息资源模式保证了遗传特性被准确地记载，简要、准确地转录和复制。4 种碱基构成信息因子、碱基三联体固定组码方式、螺旋双链结构，都是为了保证信息记录的确定性、内在有序性等"数据性"特征不被破坏。第三，搭建蛋白质细胞的基因数据，与生物功能的对应不明显、不明确，也是大自然对基因组信息资源的"数据性"进行设计的结果。蛋白质细胞作为生物的"建筑材料"，如果带有过多的生物特征，就会极大地提高基因的类型性，极大地提高基因组信息资源的组织复杂度，以及降低基因信息在转移、复制过程中的简便性和准确性。"数据性"意味着信息资源的确定性和有序性增强，系统熵降低，数据的可组织性、复制准确性、传递简便性增强。基因组信息资源的特性是大自然长期设计和运作的结果，其信息资源的组织方式和规则规定性是最优的。第四，细胞在搭建生物功能的过程中，其效用和分工选择性，即"整体指向性"，是信息资源体系中由"数据"创建"信息"的内在动力。基因数据被赋予特定的目的，即生物整体的某些属性，使得搭建细胞的基因数据被聚合或分类，赋予功能性或效用，形成具有特殊效用的生物。例如，病毒对人类的侵害，从侵害逻辑上说，就是对基因数据的错误引导，使得基因数据被赋予错误的信息，从而破坏生物信息的创建，可能会打破基因信息机制的某些正常规则。

这里可以归纳得到信息资源的基本原理：为数据赋予目的，是创建信息的必要条件。信息资源中的数据就像基因组数据，是一般性事实，但为数据赋予某些特定的目的，其就成为特殊数据，即信息。

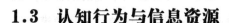

1.3 认知行为与信息资源

人类发展到今天才大致了解了大脑的运作机制，并把大脑的运作机制部分外化到计算机等设备中，创造了人工智能（Artificial Intelligence）。这些成就的一个基本前提是，人的大脑是一部精巧的用于加工信息的计算机。实际上，大脑的运作机制比通用计算机复杂得多。

神经系统是由数十亿个网状连接的细胞组成的，神经元是高度多样化的精微信号处理器，它通过突触抑制或激发状态并与其他神经细胞连接，以收集、加工和传输信号。具体机制是，它们通过精细分叉的大量的树突接收信号，每个突触短暂地增大或减小膜的导电系数，这些脑电活动被转译为电脉冲，每个电脉冲的振幅约为十分之一伏特，持续不到千分之一秒，沿着轴突（输出线）传输，轴突通过突触与其他神经元进行通信，从而产生意识。

人类开展认知活动的脑神经网络系统的信号传输速度很慢，它依靠的是大规模并行通信和计算能力，即以特定的突触模式连接远距离的、巨大和高度异质的神经元联合体的能力[1]。人的大脑由约 860 亿个神经元组成。平均每个神经元与超过 1000 个神经元连接。这些连接被称为突触，神经元和突触共同构成了一个复杂程度令人难以想象的网络[2]。

在这种生理学层次上，人的思维活动是以神经网络大规模并行运算的方式进行的。人工智能和机器学习都在模拟这种神经网络机制，从而

---

1. 克里斯托弗·科赫. 意识与脑：一个还原论者的浪漫自白[M]. 李恒威，安晖，译. 北京：机械工业出版社，2015.

2. 托马斯·拉姆齐. 写给大家的 AI 极简史：从图片测试到智能物联[M]. 林若轩，译. 北京：中国友谊出版公司，2019.

有效地得到信息或知识结果。人们开始意识到，在模拟人们思维方式的过程中，以先验的知识结构为基础推导新知识方式，或者预先编写程序获得结果的方式，存在很大的局限性：因为问题的解决依赖人们对问题结构的预先了解和设计，需要对信息资源库进行大量的结构化预处理。这在缺乏计算能力的时期是一种必然选择。

在人工处理信息资源的阶段，人们的分类编目活动都采用这种先验的信息资源处理模式，即按照信息资源的内容属性，对信息资源进行概念分类，形成信息资源的概念分类框架，再抽取信息资源实体中的概念，与概念分类框架对比，然后进行归类和排序。当要获取某个信息时，概念分类框架就成为辨识信息意义或获得不同信息单元关联性的依据。在计算机时代，关系数据库模式、多维数据库模式，以及知识工程体系、元数据体系、语义网三元组结构、知识图谱等信息处理方式具有相同的性质。有专家将其概括为"符号主义"。

"符号主义"就是让计算机模仿人的逻辑演绎方式，将既有的知识抽象成概念，把这些概念转换为符号，使计算机以适合的方式编制算法和符号，输出信息结果[1]。

"符号主义"的本质是通过既有的信息、知识和逻辑结构推导新信息，因此这种模式的有效性取决于预设信息输入、知识和算法的结构性水平。换言之，在符号主义的信息范式下，信息资源的结构性是获得有效信息输出的基本前提，通过对结构性强弱的判断可以确定信息处理手段的有效性，因此，称这种模式为"先验式信息模式"更准确、更具概括性。下面通过介绍"专家系统"的构成来阐释"符号主义"的性质。

专家系统一般包括 3 个方面，分别是知识库、推理机和解释器。

知识库指经过验证的真实知识或经验，即使知识是一个假设，这个假设也必须是真实的，否则，就不能记录在知识库体系中。因此，知识

---

1. 王昭东. 人工智能与本能：如何让机器人拥有自我意识[M]. 北京：电子工业出版社, 2017.

库中的知识一定要从实际出发。

推理机是一个判断过程。最简单的推理结构如下：如果……，那么……。例如，如果买了鲜花，那么可能就有约会。

推理机和知识库是相辅相成的，知识库为推理机提供事实依据，推理机推理出来的结论又可以成为新的事实存入知识库。

解释器同样是专家系统不可或缺的一部分，专家系统是供人使用的，要让人们知道系统的推理过程、怎样得出的结论。解释器实现系统与使用者之间的交互。以如何判断鸟类为例，你怎么知道这个动物属于鸟类呢？解释器解答：因为它身上长羽毛，所以它属于鸟类。

专家系统本质上是一个"信息资源场"。在这个场中，数据、信息、知识，以及概念、模型、推理规则、处理技术等资源构成了场要素，而任务需求、信息输出需求则构成了信息资源场的主要势能。场要素的有序性和结构性与势能关联并由势能衡量，以满足任务对信息资源场的熵要求。同时，这个势能也为专家系统等知识系统提供引导，势能决定了知识系统的运行有效性。知识模型如图 1-1 所示。

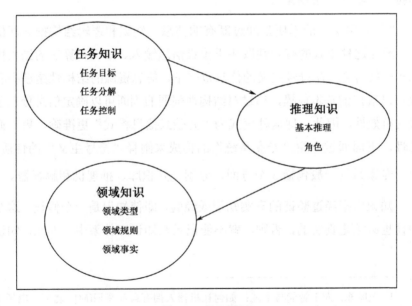

图 1-1　知识模型

信息资源场的任务越艰巨、复杂，表明该信息资源场的势能越高，于是要求信息资源场的结构化程度高，即推理模式验证性和可靠性强、适用度好；领域知识的概念解析明确、关系结构清晰、规则机制明确、事实表达充分。与信息资源场相比，资源要素结构的熵较低。用经济术语来表达，就是这类模式的信息资源场的投资效益比不高。这是"先验式信息模式"具有局限性的根本原因。

得益于人们对大脑所进行的逆向工程，受神经元之间交流方式的启发，人们开始采用涵盖神经网络模型的机器学习算法来处理信息问题。人们不仅认识到"先验式信息模式"的投资效益比过低，在解决某些问题方面存在局限性，还窥见人的大脑的某些真实的运行特性，并可以通过模拟该特性来解决信息问题。

人的大脑具有以下特性[1]。

（1）人的大脑是强大的模式识别器。例如，人的视觉系统可以在 1/10 秒内识别混乱场景中的对象。

（2）人的大脑可以通过练习学会执行复杂任务的方法，如弹钢琴、掌握物理学知识。人们发现，细胞特性和连续性在皮层不同部分之间存在差异，这可能反映了不同感官系统的特异化和其结构的层次性。

（3）人的大脑并不充斥着逻辑或规则。人的逻辑思维或遵守规则的能力需要经过大量的训练才能形成，而大多数人对此并不在行。

（4）在人的大脑中有数百亿个神经元，它们每时每刻都在相互传递信息。人的大脑就像大规模并行计算机，既不是冯·诺依曼数字体系结构，也不是图灵机结构。图灵机在给予足够内存和时间的条件下，的确可以计算任何可计算的函数，但现实是我们必须实时解决问题。

基于对大脑机制的认知，"先验式信息模式"被神经网络、机器学

---

1. 特伦斯·谢诺夫斯基. 深度学习：智能时代的核心驱动力量[M]. 姜悦兵，译. 北京：中信出版集团，2019.

习、深度学习模式取代。最重要的是信息资源场的场要素只进行轻度结构化，不需要预先进行结构化处理，就可以在任务目标的引导下，发现场要素中存在的模式，从而进行概率判断和数据统计，根据任务目标对信息资源的处理，提供符合需求的输出。

与"先验式信息模式"相比，上述模式可以充分利用计算机强大的连续计算能力，把信息对象的结构化问题转化为机器通过有监督学习或无监督学习进行概率计算、统计计算或聚类等，分层识别、洞察和处理信息，进行知识的快速迭代，从而解决复杂度和不确定性高的问题。

在机器学习领域，具有弱结构性的无监督学习成为主流。机器学习分为监督学习和无监督学习。

监督学习（Supervised Learning）指从给定的训练集中学习一个函数（模型参数），当新的数据到来时，可以根据这个函数预测结果。监督学习的训练集应包括输入和输出，即特征和目标。训练集的目标是被标注的。监督学习即通过已标注的数据及对应的输出训练得到一个最优模型，再利用这个模型将所有的输入映射为相应的输出，对输出进行简单的判断，从而实现特定的目的。从某种意义上来看，监督学习的目标是让计算机学习人们已经创建好的模型。监督学习是训练神经网络和决策树的常见方法，神经网络和决策树高度依赖事先确定的分类系统给出的信息，对于神经网络，分类系统利用信息判断网络的错误，然后不断调整网络参数；对于决策树，分类系统用它来判断哪些属性提供了最多的信息。

无监督学习（Unsupervised Learning）没有先验结构性，输入数据不会被标记，也没有确定的结果。因为无监督学习的样本数据是没有预设结构的，所以需要根据样本间的相似性对样本集进行聚类，训练尽量使类内差距最小化，使类间差距最大化。无监督学习的目标不是告诉计算机怎么做，而是让计算机自己去学习。无监督学习的一个思路是采用某种形式的激励制度，Agent 可以对正确的行为做出激励、对错误的行为做出惩罚。

信息资源新范式是在计算机的计算能力大幅提升，在人们对大脑的认识不断深入的基础上不断进化的。经典的信息资源模式的预先结构化，被神经网络的多层次信息传递动态结构取代，确定性的关系判断被概率性的筛选取代，知识迭代是在学习过程中动态实现的。实际上，信息资源新范式转换了信息结构化的实现方式，使得信息的获取更符合现实应用的需求。

1.4　信息资源的概念范畴

信息资源的概念，既不等于信息的概念，也不等于信息集合的概念。业界通行的就是美国信息资源管理的倡导者霍顿给出的解释：单数概念的信息资源指某种内容的来源，包括在文件和公文中的信息内容；复数概念的信息资源是指支持工具，包括供给、设备、环境、人员、资金等[1]。这个对信息资源概念的解释，也成为我国学者对此问题认知的标准。例如，原国家信息中心总经济师乌家培对信息资源概念的解释与霍顿的解说并无不同，其对信息资源有两种理解：一种是狭义的理解，即仅指信息内容本身；另一种是广义的理解，指除包括信息内容外，还包括与其密切相关的信息设备、信息人员、信息系统、信息网络等。还有一种对信息资源概念的解释可以称为"集合论"，信息资源管理理论专家霍国

1. 孟广均, 等. 信息资源管理导论[M]. 北京：科学出版社, 2000.

庆提出：信息资源是可以利用的信息集合，换言之，信息资源是经过人类开发与组织的信息集合[1]。

对信息资源的定义，就是对信息资源这一概念的内涵和外延的阐释。从霍顿的解释来看，单数概念是某种信息载体上的内容，而复数概念解释了信息资源的外延范畴。我国的信息资源专家基本接纳了霍顿的解释，但通过认真分析可以发现，这是一个内涵不准确，而外延定语错误的定义。

不能简单认为信息资源等于信息或信息内容，如果用信息或内容来揭示信息资源的内涵，就没有必要生成信息资源的概念。信息的本质是用人工符号表达事物的某种意义。如果从直接意义上来看，信息资源不是表达事物意义的，而是作为信息来源或可以利用的信息来源体。信息资源不等于信息，它是促进信息成长的阳光、土壤、水分和空气。

对于复数概念，如果对其进行类比，煤炭资源应包括采煤机械和采煤投资，石油资源应把采油设备、炼化设备作为资源的一部分。这显然是不符合通行的资源定义方式的，尽管炼化设备的技术水平、工艺水平的高低对石油生产效率有重要影响，在信息资源复数概念中所列的因素确实可以影响利用信息资源进行信息生产的效率，但将这些因素作为信息资源的外延定语显然是缺乏逻辑和说服力的。

霍顿等提出"信息资源"概念的背景是 20 世纪六七十年代美国政府机构开展"新行政运动""政府绩效运动""削减文牍运动"等一系列政府绩效改善和行政方式现代化运动。改革者发现，记载信息的文书不仅是行政活动的记录载具和维持行政体系运行的档案记录，以信息为焦点，将政府部门等各环节，以及政府和公众有效地连在一起，还可以作

---

1. 肖明. 信息资源管理[M]. 北京：电子工业出版社, 2002.

为一项业务的出发点，以及作为业务改善和业务优化的发起点，从信息资源中获取新的服务视点和优化业务流程，形成改善服务的依据。对于改进业务和管理活动而言，信息资源是供给、设备、环境、人员、资金等各行政要素的节点，是谋求在整体上提高业务效率的焦点，是衡量业务效益水平的最佳测量点，具有牵一发而动全身的作用。还有一种价值取向是把充斥在流程中的信息从作为计算机资源工具的狭隘认识中抽出来，转换为审视信息的视角。因此，信息成为一种资源，估计霍顿没有打算从信息论的角度来严格讨论和定义"信息资源"这个概念。

认识"信息资源"这一事物，定义它的内涵和外延，要从信息和资源两个概念出发，从符合事物原有意义和符合当前的经济社会活动对信息资源有用性需求的角度定义其概念。笔者无意给出"信息资源"的定义，仅对信息资源概念范畴涉及的相关要素进行探讨。

信息资源概念范畴中最核心的是什么？是信息吗？笔者对"信息资源"这一复合词最简单的理解是"信息的来源"。它不是信息的集合意义，在这个复合词中，"信息"是修饰"资源"的，而不是中心词。信息资源是生产信息的资料来源，是创造信息的基础条件，"信息"是信息资源一词所表达的目的，是信息资源存在的价值，因此它不能指代信息资源这一事物本身。如果把"信息"作为信息资源的中心词，也不符合霍顿等早期为信息资源赋予概念的学者的原意。他们将信息资源作为一种可以产生信息，以支持业务活动优化和取得经济效益的资源。

无论如何，我们要阐述信息资源这一事物的概念范畴，都需要为其确定一个单元性的概念实体。早期的信息资源管理学者把"记录"作为信息资源概念的单元词。这个单元概念实体可以抽象表达书籍、论文、图片、地图、信函、回忆录、文件、报告、表格、缩微胶卷、计算机磁盘、文字处理软盘、光盘、手稿等各种记录形式[1]。"记录"在语义上更侧重对信息内容的表达形式和表达过程，还或多或少地带有人的主观性，不适合用于表达信息资源单元性概念实体的客观性和一般性，以与"信息"概念中的主观性和特定性语义特征相区别。将"数据"作为信息资源的单元性概念实体，可能更恰当。"数据"一词更能体现单元性实体的内容性质，同时，其与信息、知识这种带有明显主观性、特定性的概念实体不同，其本身具有客观性、一般性特征，是比较理想的信息资源单元性概念实体。

数据是人类记录事物及其变化的符号。在信息资源的概念范畴内，以上述概念表述其作为信息资源范畴内的单元性概念实体的性质不够恰当，这里试着表述为：数据是从信息资源中获取信息的可能输入。

数据可以来自人们对事物及其变化信号的直接采集，也可以来自对信息、知识的再利用。对事物及其变化信号的直接采集越来越成为信息资源的主体。例如，企业在设计、制造、销售和服务中采集的数据，城市交通变动数据、城市空气质量检测数据、气象数据，通过互联网终端、智能通信终端、各类传感器、射频终端、检测设备等采集和获取的数据，已经成为左右社会行为方式、进行决策、取得经济收益、驱动商业运行等的必要材料。

最突出的变化是信号颗粒度的细化，即大数据趋势。与概括了各类文件形式的"记录"一词相比，"数据"所具有的"颗粒度"语义更能满足信息资源在精细化描述事物及其变化的信号性质方面的需求。大数据就是在空间上和时间上具有更细颗粒度的信号。

在空间上，对事物的不同方面、不同属性的反映越来越精细，事

---

1. 孟广均, 等. 信息资源管理导论[M]. 北京：科学出版社, 2000.

物的关系和关系结构越来越充分、清晰，需要更细的颗粒度，从而为全面深入地认识事物的内部结构、分布规律、群聚化模式提供基础条件。正如人们根据对生物细胞的认知，发现了更精细的双螺旋结构，也发现了碱基组合规律，使人们对生命形成的基本规律的认识产生了革命性飞跃。

在时间上，更细的颗粒度提高了人们对事物变化的刻画能力，使人们可以更精确地把握事物变化的影响因素及其相互关系，掌控事物的迭代周期，进而准确把握事物的变化趋势。

在信息资源范畴内，信息和知识既是人们要从信息资源中取得的结果，也是信息资源的来源，所获得的信息和知识，可以参与信息的再生产过程，并作为改变数据有序性、结构性的引导性数据，作为识别、分类和聚合数据的指示性数据，作为揭示数据模式、获得新的输出结果的算法性数据。总之，所获得的信息和知识，既可以作为反映既往的事物及其变化的数据，在信息的再生产中作为输入，也可以作为反映人的信息目的、价值取向及认知体系的数据，促进信息再生产的完成。因此，作为信息资源概念范畴中的单元性概念实体，数据具有相对准确的概念，其在信息资源范畴内，既包含为实现信息生产直接采集的数据，又包含为实现信息再生产而作为数据输入的"信息"与"知识"。

由于"数据"不带有具体的目的性和价值取向，所以能充分地反映信息资源的应有价值，即客观的、通用的、共享的价值，而非主观的、特定的、个性的价值。对于输入的信息、知识，只有具有这种特征，才能被称为信息资源。进行这种规定，是采用通行的标准使信息资源建设有序化、结构化的逻辑前提，只有采用通行的标准，才能最大限度地扩大数据应用范围，深入挖掘数据中蕴含的价值，以及获得正确的信息结果和知识，从而体现信息资源的最大价值。信息资源的低熵化，不仅指简单分类或排序的有序性，还指基于共同的价值、知识、规则、公理

的数据结构和谐性、模式正确性及算法通达性。因此，数据表达的非
目的性是信息资源概念范畴的重要规定内容，是"数据"的定义中"可
能输入"的"可能"一词所表达的真实含义。数据不是信息的确定来
源，更不等于信息，数据是在信息生产过程中人的主观价值标准选择
的可能输入。信息资源的再生产示意图如图 1-2 所示。

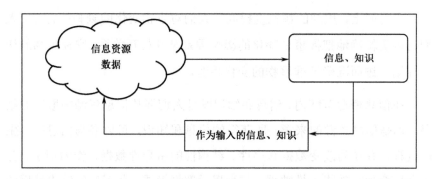

图 1-2　信息资源的再生产示意图

第 2 章

香农的信息论体系

2.1　香农信息论评述

香农提出的信息论源于其在第二次世界大战期间对通信加密方法及密码学的研究。图灵与香农有过充分的思想交流，他们都从事密码分析工作。只不过，图灵的主要工作是破解德军的密码，如成功破解了德军进行机要通信的密码——恩尼格玛（Enigma）。而香农的主要工作是进行通信的加密研究，研究一个进行保密语音通话的系统（SIGSALY）。

由于有保密的需要，图灵与香农没有交流各自所做的工作，而是在更广的信息论领域进行了充分的交流。图灵向香农阐述了他的思想实验——一个可以处理信息的模型，即作为信息时代计算基础的图灵机。图灵机是可实现信息处理的通用计算模型。它可以接收符号的输入，借助状态表，通过编制算法来解决问题，得到确定的信息输出。

香农在第二次世界大战期间发展了一套密码学理论，他试图找出密码系统的一般数学结构和属性，将其称为"研究传递信息的一般系统的某些基本属性[1]"。这项工作就是从有限集中选取符号序列，通过开展某

---

1. 詹姆斯·格雷克. 信息简史[M]. 高博，译. 北京：人民邮电出版社, 2013.

种系统性工作，把正确的符号序列替换为错误的符号序列，使信息接收者了解该过程的密钥，从而可以借此反推整个替换过程，并获得正确的信息。

在香农时代，密码的基本原理就是将自然语言这种蕴含一定模式的符号组合转换为表面上无规律可循的符号组合。为此，香农深入研究了自然语言蕴含的模式。香农发现，模式相当于冗余。自然语言中的冗余，是自然语言不精确信息传递的必然要求。香农认为，在英语中，在出现一个字母后，紧跟着出现的字母的确定性越强，意味着这个字母所表达的信息量越少，对于语言结构来说，这就是冗余。香农在没有进行精确计算的条件下，估计英语的冗余度是 50%。当时，香农研究密码学的目的就是发现自然语言中的冗余所呈现的结构性模式，然后从理论上拆解这些模式，去除那些明显的、可辨识的模式，从而降低没有密钥的解密者破解密码的难度。

香农在研究密码学的过程中，对相关要素进行了抽象和概括：第一，将密码的加密、解密和传递的对象抽象概括为"信息"。这个概念与音量、波形等物理细节无关，是一个抽象概念，是在一个集合中可选择的因素，是一种形式符号。第二，香农为密码学构建了一整套代数方法、定理和证明，使得密码学家有了严谨的手段。此外，香农扩展了密码学的概念范畴，将其命名为"信息学"。

香农在研究密码学的过程中发现，字母的冗余容易找到密码的破绽，而密码的制作过程就是消除自然语言中的规律（包括字母和字母间确定性关系）的过程。在完美的密码中，所有密钥的出现概率必须相等，生成的是完全随机的字符流，这意味着信息中的所有符号完全无关，没有模式存在的状态，就像热力学中的热寂状态。可以设想，从这样的信息资源状态中获取有用的信息非常困难。

从这个意义上讲，正常的信息资源操作原理与香农密码学相反。好在我们在整合信息资源和创造新信息的过程中不必为演算爱因斯坦的质能公式而耗费巨大的能量。组合数学中的拉姆齐理论认为，任何系统都不存在完全无序的状态。心理学家荣格认为，在每个混沌中都有宇宙，在每个无序中都隐藏着秩序。如果把足够大的数据集任意分割成有限个子集，则至少会有一个子集带有某种秩序。拉姆齐理论就是找出存在某种性质的最小集合。狄利克雷的抽屉原理也证实了最小数据集有序性的存在。简单来讲，如果将 $n+1$ 个物体放在 n 个格子内，则至少会有 1 个格子放了两个物体。

人类的自然语言充满了冗余和组合、排序规律，人们往往会准确规定符号对语义的表达，从而构造形式语言，在信息资源集中确定关系结构，为创造信息提供充分条件。随着机器学习和人工智能的发展，我们用逻辑算法搭建了数据处理机制，其具有强大的功能，即在看似无序的大量学习样本中进行分类、聚类，发现海量数据中蕴含的模式，自主解答问题，提供相关信息和知识的输出。新旧信息资源范式的矛盾是我们在从事信息资源实践活动时必须面对的，而且是要通过建立新路径来解决的。例如，传统文件的格式是一种重要的冗余（相对于纯文本的意思表达）。在数字方式下，文件虽然失去了格式的稳定性、确定性，但文件格式的现实意义还在，只能根据信息目的，结合统计方式，依据概率、流量比率等重新建立格式冗余。

只有将这些后来产生的机制纳入"信息论"范畴（不仅是"密码学"所涵盖的概念、原理和定理），香农"信息论"范畴的意义才比较完整。

香农"信息论"不是健全的信息论，这并不是香农疏忽了，而是香农有意为之。在香农给出的"信息"概念中，是不包含"意义"的，他指出："对信息论的研究而言，信息与'意义'基本无关[1]。"香农有意地

---

1. 詹姆斯·格雷克. 信息简史[M]. 高博，译. 北京：人民邮电出版社，2013.

排除了信息中的"心理因素"，剥除语义内容，把信息局限在物理层面。香农这样做的主要目的是把"信息"变成可以度量的概念，基本前提是香农的信息量是对信源端与信宿端之间信道的普遍性、可靠性的一种测量量。通俗来讲，香农测量信息量的意图是衡量信道的容量和传输的有效性。

首先，香农把信息与不确定性联系起来。信息的不确定性是由表达信息的符号体系衡量的。一个信号出现的确定性越高、可能性越大，意味着其与既有信号的结构差异越小，带来的可能秩序变化越小，出现不可预见的新事实的概率越小。这个信号带来的新事实的概率越小，信息的量就越低。因此，信息越出人意料，其蕴含的信息量就越大。香农在密码研究中以英语为对象得出了这个结论。例如，在英语中，如果紧跟在字母 t 后的是字母 h，则其中的信息量不大，因为字母 h 在此出现的概率相对较大。有些字母的出现比较出人意料，即出现的概率较小，意味着该字母与已知字母之间缺少模式相关性，则这个字母携带的信息量相对较高。准确地说，香农其实要测量的不是语义上信息的多少，因为其包含太多主观因素，是无法衡量的，因为一条消息对有不同需求的人是具有不同的价值的。香农为了研究通信效率、通信通道容量问题，把信息抽象为概率，只对承载信息的符号进行信息量测量，有利于问题的解决。

其次，香农始终着眼于通信问题。在他看来，通信的基本问题是，在一个点精确或近似复现在另一个点选取的信息[1]。其中重要的是，将信息从一个点传递到另一个点的困难程度。在香农的概念体系中，通信是工程学问题，假设符号从一个点转移到另一个点，可以不考虑符号表达

---

1. Claude Elwood Shannon, Warren Weaver. The Mathematical Theory of Communication[M]. Urbana: University of Illinois Press, 1949.

的意义，只需要考虑符号承载的信息量、信道的带宽及通信效率。在这个过程中，符号可以与符号所承载的语义完全无关。例如，在信源端编码符号，经过信道的传输，在信宿端，只要能逆向解码，使得传输的符号序列与信源端一致，就能成功实现通信。当然，传递过程受信道容量（带宽）和噪声的影响，信宿端可能会损失部分信号。这时，香农对通信过程中信息量的计算就成为衡量通信效率的重要方式。

香农的通信模型从信息概念中剥离了信息的语义。香农的本意是构建一个通信模型，描述通信的基本原理和过程。正是由于香农在通信模型中剥离了信息的语义，才使得这一模型不仅可以反映通信的一般过程，还可以反映信息活动机制。

香农的通信模型包括以下要素：信源、发送器、信道、接收器、信宿[1]。

- 信源指产生信息的人或机器。这里的信息是指一切可以承载信息的符号，如一个字符序列、一个函数表达式等。

- 发送器对信息执行某种操作（编码）以得到可供传输的信号。例如，早年的电报将字符编码成点、画和停顿，以便人们用电报机将由这 3 类编码构成的符号序列以无线电波发出去。

- 信道指传输信号所使用的媒介。

- 接收器执行发送器的逆操作，对信息解码或从信号中提取信息。

- 信宿指位于信道另一端的人或机器。

香农通信模型如图 2-1 所示。

---

1. 詹姆斯·格雷克. 信息简史[M]. 高博, 译. 北京：人民邮电出版社, 2013.

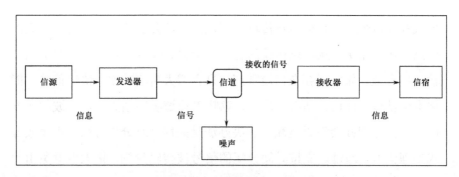

图 2-1　香农通信模型

香农通信模型具有广泛的适应性，可以作为一般的信息模型，原因如下。

（1）通信模型中的"信源"和"信宿"可以看作空间或时间上的两个点，通信就是信息在两个点之间的移动或复现。这样的机制既可以用于说明信息在空间上的移动或复现，也可以用于说明信息在时间上的移动或复现。对于信息在两个点之间的移动或复现，只需要关注信号所能承载的信息量及由信息量体现的通信效率，可以剔除信息所表达的意义及与其关联的概念与事实。剥离语义的好处是降低对通信问题的认识的复杂性，有利于信息量检测，以及对通信过程的优化与控制。

两点之间的信息传输，在时间和空间上存在信道的容量与噪声问题，影响通信的有效性。在时间上，载体的局限性会带来容量限制；在空间上，长期存在通信信道窄等问题。信息的精简性与载体的可获取性难以兼具。例如，我国古代文献书写在竹简上，因此，要求记述的语句极为精练，用短短几个字就可以描述一场轰轰烈烈的战役。

随着信息技术的不断进步，上述问题变得不那么突出了，新的问题是信源选择信息的有序性决定了信息复现的效率。香农通过降低传递符号序列中的相关性，来避免密码被破解，从理论上讲，每个符号都是随机的，符号完全不相关的密码的强度最高。如果符号之间的相关度低、模式存在度低，一是会导致传输效率低，二是会使解码后获得有意义的信息的难度增大。从信道传输的有效性上讲，确定信号波结构对提高传输效率有益，如由于存在信道噪声，只有增大传输功率，传输信号才能被准确获取，然而，功率的增大，意味着信道噪声增大，信号波的灰度增大，信号同样会严重衰减。解决办法是采用"时分"方法，用离散方式处理信号，通过建立按时间分配的信号波传输规则，极大地避免由信号波与噪声同步导致的信号衰减问题。大量的信息资源工作证明，保证信源端输入信息的有序化、结构化，是信宿端实现准确解码、复原的基本条件。为什么这与香农信息论中的结论有所不同？这与信息与载体之间的反比关系对通信的影响相关。在一般的信息领域，传递信息的诉求远高于对通信效率的要求，就像以自然语言作为交流媒介时，大量冗余的存在和语法结构性，都是为了比较充分地表达某种意思。

（2）在香农的通信模型中，信息的概念被去除了具体意义，就像阿拉伯数字一样，数字可以指代任何事物，同时它又不是任何事物。正因如此，无论对于文本、图像、音频、视频、网页、函数、算法、程序等何种具体的信息形态，其信息性质和信息机制都可以用香农的通信模型概括。

人们将香农通信模型引入信息资源概念范畴，用与通信模型完全匹配的概念表达各种信息形态。我们将"数据"作为信息资源的单元性概念实体，它完全可以替代香农通信模型中的"信息"这一概念。数据之所以能够作为文本、图像、音频、视频、网页、函数、算法、程序等信息形态的单元概念表达形式，是因为每种信息形态都包含数据，而数据也可以对每种信息形态进行概念抽象。"数据"这一概念实体在信息资源的概念范畴下是不需要被去除"意义"的，因为信源端数据的有序性、结构性与信宿端数据的复现具有正相关关系，与密码学的无模式要求正好相反。

（3）在信息资源概念范畴下，"数据"在信源端同样是人为选取的，而不是自然形成的，这是信息资源的基本特征之一。尽管数据内容可能来自自然界，如气象数据、地震数据、天文数据等，但从性质上来看，这些数据都是人为选取的，包括各类传感器采集的数据，以及在机器学习中供机器训练的样本数据。

香农在通信模型中强调信息是被选取的，意在强调信号的随机性或模式性是受人影响的。这在信息资源概念范畴下同样具有意义。可以将信源端视为由人确定的值，信宿端则是信息输出端，在通信系统中需要精确复现，而在信息形成机制上，则通过复现数据获取不同的数据模式所蕴含的信息。信息的有效性取决于在信源端选取数据的意图、目的，以及发送端的编码和接收端的解码。通过神经网络算法对样本数据进行学习，发现数据中存在的模式并进行取舍，最终输出的模式识别结果才是信息。可以用通信模型的信息选取概念解释信息资源模型，信息资源是为创造信息而人为构造的信息适应系统。

（4）在香农通信模型中，信源端的编码及信宿端的解码，不仅是实现电磁波与符号转换的必要手段，还是解决通信的传输效率及保密问题的必要手段。这样的信息处理环节，是通信的必要环节，在信息资源概念范畴下也具有一定的意义。

信息资源数据集的结构化过程与通信模型中在信源端对信号进行编码具有完全相同的意义。人们将数据作为可用资源，需要按照对信息的需求，对海量的数据进行结构化处理。图书馆利用图书分类体系区分知识数据、形成概念、定位概念实体。图书分类体系实际上是对知识数据中概念实体和概念关系的描述，其描述语言就是编码，分类过程就是编码过程。因为类似的编码体系本质上是主观的，所以编码有效的前提是编码逻辑必须具有公理性，概念实体必须具有共识性。只有这样，知识数据的利用者才能在复现所需知识时，在图书资源中获得正确的信息。信宿端的解码要使用与信源端相同的编码体系，同时解码需要充分理解实际编码结构所包含的概念意义和实体关系，这样才能较好地复现相关数据，按照自身目的组配得到所需要的信息。需要强调的是，在信息资源的语境下，信源端编码的结果是数据，信宿端解码的结果也是数据，这在香农通信模型中是通过去除信息的"意义"体现出来的。在信息资源语境下，信息资源中数据的一般性与信息的目的性之间的价值差别，使信源端编码对象与信宿端解码结果具有相同性质。从这个意义上讲，信息资源是为了获取信息而人为构建的可供选择的数据集。

香农通信模型在先验式信息模式中适用，编码和解码是否可以解释神经网络、机器学习等后组式信息模式呢？后组式信息模式与先验式信息模式适用的通信模型有所不同，其在信源端的数据模式是无法由编码体系逆向复原的，无论是预设算法的监督学习，还是无监督学习，其算法和模式识别都是迭代、进化的过程，在信宿端得到的模式数据是编码体系动态演化的结果，识别数据中蕴含的模式，通过学习数据来发现模式，可以得到以解决问题为学习目的的最可能的认知素材。随着人工智能进入强人工智能发展阶段，可以预见，信宿端解码的模式数据将自动与人类的价值观和目标指向结合，直接解决人类面临的问题。在人工智能语境下，信源端、信宿端的编码机制依然存在，但其已经可以把识别、洞察和执行融为一体，形成具有自我成长机制的信息资源有机循环体系。

（5）噪声在香农通信模型中具有特别的意义，噪声是影响通信效率的重要因素。如果将噪声扩展到一般的信息模型中，噪声原有的效用是否存在或在多大程度上存在？

噪声在电磁波传输过程中普遍存在。克服噪声带来的通信困扰，可以提高通信效率。例如，通过增大功率来解决传输干扰问题，当然，该方式不能彻底解决噪声问题，不为现代通信技术所采纳。

把噪声问题放在一般信息论的框架下，同样具有意义，噪声对于任何在时间和空间上的信息转移来说，都是必然出现的。只有将噪声的概

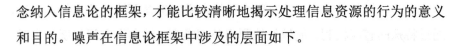

念纳入信息论的框架，才能比较清晰地揭示处理信息资源的行为的意义和目的。噪声在信息论框架中涉及的层面如下。

一是物理层面。涉及各种载体在传递信息的过程中出现的物理干扰，如字迹氧化、磁盘磁化等。

二是符号层面。自然语言的冗余，既是在复杂交流局面下或信息转移过程中对可靠信息的重复性、冗余性保护方式，也是一种噪声。在较长的时间下，信号传递信息的可靠性一定会受噪声干扰，有来自符号本身的，也有来自环境要素的。例如，远古人类留下的数据，有的是符号系统无法破译或只能局部破译的，有的即使破译了符号规则，也不能将每个符号都解码为我们今天所认为具有的确切意义。

虽然在理论上可以使信宿端的 A' 数据集完全映射为信源端的 A 数据集，但由于噪声的存在，要想实现完全的数据转译，需要增加信息处理行为和信息熵，意味着需要增大功耗。

存在一词多义、上下文差异、不同构词方式等，都可能造成信息的失真或语义差异，因此在信息资源应用实践中，需要通过构建形式语言来解决自然语言的灵活性和冗余性过高的问题，以保证每个概念单元对应的实体意义具有单元性、确定性，并使用一套规则来固化形式语言的概念体系在广泛应用时的语义统一性、准确性和一致性。

三是意识层面。信息的形成是离不开人类意识的，人的大脑是非常复杂的系统。当前，认知科学已经在空间上、时间上提出了比较精密、准确的层级分析体系，在空间上可以划分为 7 个层级，在时间上可以划分为 10 个层级，以分析复杂、精细的意识过程。从大脑的结构、运作机制、对外部要素的反应来探索处理信息、形成意识的机制。经过数千万年的进化，生物已经在不同层次和不同维度上形成了比较稳定的意识逻辑和机制，以保证自身的生存。尽管人的大脑及其信号输入通道对外部世界的感应可能是扭曲的，甚至是不真实的，但人的生物机制在有利于生存的目标的整合下，已经形成了基本适应生存环境的信息处理机制，通过特殊的感应机制，能较好地利用外部噪声。越向大空间尺度和大时间尺度审视，人类的意识在形成信息方面的机制就越受外部环境的干扰。这是人类的生理机制在空间、时间上的局限性，以及外部世界变化的复杂性、多样性共同影响的结果，这其实就是意识的噪声。我们需要提高认知水平，在充分信息的支持下，构建新的理论模型，消除噪声，形成和谐的知识模型。例如，古人对行星在夜空中的漂移感到困惑，因此把行星命名为"planete"，即漂移。直到 17 世纪牛顿发明了微积分，用一个简单的公式描述了漂移的行星轨道，人们才在意识上消除了现象和事实错位的信息，消除了信息形成过程中的噪声。

概括来讲，香农把噪声现象插入通信模型是对电磁波传输过程的确切认识，为解决通信有效性问题提供了一个基本的视角。把这个概念泛化到信息论模型中需要理解真实的信息过程和信息行为，为解决信息问题提供一个非常有意义的视角。

2.2　香农信息熵与信息资源熵

香农借鉴热力学理论中的熵的概念，为信息论建立了基本的数学内核，完成了"信息是熵"构想的重要一步。

信息究竟是什么？信息在物质运动中的位置是什么？在香农提出构想之前，人们是没有确切认知的，人们在研究物理问题时，总是需要通过某种媒介建立客观世界之间或人的意识与物质变化之间的某种关系，因此信息就具有了物质变化基本要素的理论意义。

熵（Entropy）源自希腊语，有"转换"的意思。德国人鲁道夫·克劳修斯最早将其引入热力学，用于度量能量的可用度。热力学最早关注的是将热量或能量转换为功的问题，鲁道夫·克劳修斯认识到，热量在转换为功时并未损失，只是从温度较高的物体转移到了温度较低的物体。热力学做功的能力不取决于热量本身，而取决于两个物体之间的温差。一个系统无论含有多少能量，只要系统内的所有物体温度相同，它就无法对外做功。鲁道夫·克劳修斯在热力学中引入熵的概念，不是为了测量能量，而是为了测量物质之间存在的"势"，以及"势"的变化能带来多少功。熵的概念的引入，使得热力学的两个定律得以更简洁的表达。熵的概念使人们对事物之间的关系和变化有了新的理解：万物有差等，差等产生势能，势能变化做功。

早期，热力学研究者发现，能量既是守恒的，也是耗散的。能量耗散不意味着能量消失。对能量的可用度的衡量，取决于人们的知识水平。可用的能量是那些可以按照人们的意愿使用的能量，而耗散的能量则是人们无法掌控或加以引导的能量。什么能量是不易于掌控的？显然是混乱不清的能量。换言之，物质及其变化越有序，人们对物质及其变化的掌控程度就越高，能量的不可用度就越低，熵的量就越低。秩序和混乱的概念，更多来自人对外部世界的主观判断和认知，并不等于物质本身的属性。熵的概念是主观的，有序和无序是主体对外部世界及其变化的认知，获知过程应存在从物质变化端到认知主体端的信号传递。认知主体只有把握了外部世界蕴含的有序性，才能使信息资源的可用度提高。把握多少规律，认知多少外在逻辑，信息资源的可用度就有多高，因此信息资源概念范畴可以使用熵的概念来衡量自身的有序性。

信息资源是对客观世界或人类社会活动的反映，它的形成是人类认识世界、改造世界，创造信息、知识和智慧的主动行为结果，因此信息资源从本质上看是人类将纷乱复杂的外部世界及其变化按照人类的信息需要导入有序系统的结果，人类主动创建的信息资源具有较高的有序性和可用度，以及较低的熵。戴维·沃森指出："思维干涉了可能事件的发生概率，从长期来看，也干涉了熵[1]。"因此，有序性是信息资源的本质属性，低熵是信息资源的一般特征。

外部世界是错综复杂的，任何从主观上对外部世界特征及变化信号的获取都是不完全的、有局限性的，甚至是扭曲的和虚假的。例如，人类的视觉，只能感受到波长为350～700nm的电磁波，并将不同频率的电磁波扭曲为不同的色彩。因此，对于人类而言，外部不可用信号是混乱的、无序的、可用度低的、高熵的。对信息资源的利用需要对复杂的、混乱的、不确定的物质及变化的信号进行处理，形成符合人类认知规律的、与人类行为目的高度相关的有序体系，以提高信号的可用度。进一步来看，信息资源的有序性是以人类的行为目的为准则的，与人类的行为目的高度相关，按照人们的某些特定的应用目的规划得到不同的信息资源结构和关系序列，进而组织信息资源，在不同的行为目的下，信息资源的有序性不同。例如，在档案管理领域，按内容反映的学科属性组织档案信息资源，是一种有序性；对于按组织职能和问题应用方式组织内容的机构而言，按学科属性构建的有序性就是混乱的、无序的。

关系数据库的二维表结构是为了使大量的单元性数据具有良好的可检索性而建立的信息资源有序结构，因此需要对存储在关系数据库结构中的信息资源进行多重处理，去掉数据自身的多义性、冗余性和不确定性，使得数据实体具有单元性、数据之间的关系路径具有单一性。对于在大量的信息资源中检索某项含义确定的数据，通过结构化处理，可以在整个体系中极大地降低数据语义的冗余和实体关系的混乱、交叉程

1. 詹姆斯·格雷克. 信息简史[M]. 高博，译. 北京：人民邮电出版社，2013.

度，极大地提高信息资源确定检索的可用度。

单元性和单一路径信息资源结构，以具有确定性的离散数据替代具有不确定性的连续数据，以获得需要的信息。这本身就是人们为了在信息资源中获得特定实体信息所进行的简化。在获取具有确定性的离散数据的同时，失去了具有不确定性的连续数据。从语义关联性的角度来看，关系数据库的信息资源可用度不高，熵相对较高。因此，要想在信息资源中获得具有关联性的信息，就要依照人类的关联性思维模式重新构建数据结构。例如，多维数据模型从不同的意义维度构建数据之间的相关性，以使数据能够真实地反映现实世界的需要。此外，为达到从信息资源中获取不同信息的目的，人们需要在原有信息资源有序性的基础上，不断按照不同的目的对全部或部分信息资源进行逆熵操作，形成适应不同目的的资源结构，如编辑在某个主题下最具有代表性的 100 篇论文的信息行为。在信息资源中，对不同数据集进行深度的结构化，将具有更小颗粒度的数据纳入某信息目的的编辑整序范围，是实现适应目的性资源结构的主要途径。

因此，信息资源的熵量与信息资源的行为目的正相关。

信息资源的有序性是人类按照自身的信息需求构建的。每个行为主体的信息目的是不同的，价值观也是不同的，认知能力、认知倾向会有很大差异，有些人"见山是山，见水是水"，而有些人"见山不是山，见水不是水"。信息资源数据的一致性不等于人们获取的信息一致性，因此应就信息资源处理标准形成共识，或者按照自然习惯构建标准，或者使用逻辑推导建立标准，或者按某种意愿强行达成一致，总之，只有将纳入信息资源系统中的有序标准整合为具有广泛认同性、逻辑一致性的标准，才能避免出现由不同信息目的导致的混乱状态和相互干扰的高熵状态，以低熵的有序状态满足广泛的信息需求。例如，图书馆资源源于不同的渠道，每个渠道都对图书有不同的类别认知，但汇聚到图书馆后，图书馆必须按一般的图书信息需求归纳出具有广泛认同性和逻辑一致性的分类标准，对图书信息资源进行有序性建设，以满足不同的信息需求。有序标准的广泛认同性还要接受历史的考验。世事变幻、时代变迁本身就是人类认知能力不断提升的过程，人类的价值观会随人类认知能力的不断演进而改变，因此没有一成不变的信息标准，某些曾经很好的信息标准，在新时代下可能成为提高信息资源有效性的最大障碍。例如，中国有为前朝编史修志的惯例，信息在后代价值观的影响下，往往会呈现与前朝真实的历史信息不同的面貌。因此，还原真实历史的基本途径是先还原当时的价值观和认知取向，再对相应的信息资源中蕴含的大量数据进行解读，只有这样，才有可能超越时间的限制，探寻真实的历史。虽然有空间和时间上的约束，但是信息的二元性决定了信息资源有序标准的一致性是获得有效信息的基本条件，因此信息资源有序性的实现以有序标准的广泛认同性、逻辑一致性为必要条件。

信息资源有序性的实现过程本身需要匹配信息，需要做相应的功。有序性越强，熵越低，需要的信息量越大，做的功就越大。附加信息量及做功量与有序性是同步变化的。当人类按预设的结构改变数据集的有序性时，存在自我限制的困境，有序性的描述信息量与有序性同步变化，在极端情况下，有序性的描述信息可能与被描述的信息资源等量，形成自我淹没的局面。例如，为说明信息资源的内容及结构，人们会采用元数据进行描述。在某些情况下，元数据的数据量可能会超过被描述对象本身的数据量。面对海量的信息，必须转变这种预设式信息资源有序性构建方式，以能不断吸收内在信息的随机自学习方式、递归的收敛描述方式，以及能不断自我进化、迭代的方式构建信息资源的有序性，才是可行的和有效的避免自我耗散的方式。

以热力学观点解释信息资源现象，是因为两者是同质的。把从热力学移植过来的熵作为衡量信息资源可用度的指标，可以反映经过人的主观处理，使混乱无章的大量数据呈现出某种程度的有序性，也可以表述为大量混乱无章的数据呈现一定的信息资源性。这些信息资源的可用度提高了，被处理的信息资源的熵降低了，但是可用度不等于信息资源本身的有用性。由于对信息资源进行了某种程度的结构化处理，所以我们从集合 A 中检索属于集合 A 的要素 $a_1, a_2, a_3, \cdots, a_x$ 的能力增强了，但并不意味着被检索对象 $a_1, a_2, a_3, \cdots, a_x$ 具有与行为主体信息目的相匹配的信息内容。要构建集合 A 中要素的有序性，可以按照易于理解的程度进行排序，排序编码可以与集合 A 的属性无关、与集合 A 中各要素的具体意义无关。当然，在构建集合 A 的有序性时，可以将 A 的集合属性作为选项，将集合 A 中的各要素关联起来。这个选项具有语义性，可以提高集合 A 中信息资源的可用度，但不能提高集合 A 中信息资源及其要素的有用性。

熵衡量的是可用度，并不直接衡量数据本身的有用性。这正是香农在将熵这一概念作为衡量信息量的指标时，能将语义从中去除的条件。人为设置的有序性，必然存在局限性。特别是在计算能力较弱的时代，穷举法所能列举的数据或学习样本存在极大的局限性，越是来源复杂、形式多样、内容混杂、数量巨大，人们对信息资源有序性的构建就越粗糙，信息资源集的熵就越高，预先设定的有序框架本身存在局限性，限制了人们对信息资源所蕴含的模式的发现、识别和整合。

信息资源的有用性源于信息资源内容的差异性。差异性是与事物要素的均匀性相反的性质。热力学理论认为，热力系统做功的能力取决于系统中存在能量的差等，就像把一块烧热的石头放进比石头温度低的冷水中，热石头最终会和水达到同一温度，在温度趋于一致的过程中，系统输出了功。将热力学系统的"功"比作信息资源中的"意义"，即构成信息资源有用性的基础。这个"意义"的形成，也需要在不同要素之间构成"意义差"。信息资源蕴含的"意义"及"意义差"源于人类对客观世界的认知和分辨能力，人类对事物的识别、分类、关联和定义，无不是人类按照自身的需求进行认知的结果。对事物分类，赋予事物共同属性，了解事物属性的差异，再通过构建关系或模式，反映事物的结构，可以从整体上认识事物。对不同实体赋予不同的概念，并使这些概念有可以比较的差异，才能在比较中获知这个实体的意义，将具有不同属性的概念实体组合起来，以了解完整的意义。

信息资源的差异性是人类主观认知能力对客观世界的反映，因此差异性是可以从空间、时间两个范畴区分的。在空间上，差异性既可以是同一事物在不同象限呈现的特异性，也可以是在某种相对稳定的结构上的品类差异（尽管物质在最微小的粒子层级是统一的）。人们认识客观事物，分辨不同的个体，发现个体之间的关系和结构，所得到的结果就是信息资源，是对事物千变万化的现象形成新认识的信息基础。信息资源的有用性就像有丰富多样的食材，才有丰富多彩的大餐，厨师做的每道菜就像一条信息，每种食材都为这道菜提供了有用性。在时间上，差异性既可以表现为时间轴上的离散形态，不同时间节点的离散数据独立出现、彼此无关，也可以在时间轴上具有相关性，人们习惯称之为"因果关系"。

有用性虽然不等于可用性，却是构成信息资源可用性的条件，如果信息资源缺乏差异性，就会限制新信息的形成。信息资源的差异度低，构建信息时对信息要素的识别度就低，需要做更多的功进行信息识别、筛选。这正是从信息资源中获取信息时所遇到的基本矛盾。

当前，这种矛盾尤为突出，克服这种矛盾成为"流量经济"的主要活动，也是以流量为基本资源的企业的主要获利方式。例如，一个"网红"只有为自己建立具有差异性的"人设"和特征，才有机会脱颖而出，被越来越多的粉丝提取信息，进行信息消费。"网红"之所在，就是信息资源之所在，他的特异性设定是在信息资源中建立差异性，但这种有用性的赋能，只不过为可用性创造了条件。如果想真正成为"网红"，还要使差异性设定与不断流动变化的粉丝信息需求相匹配，这就需要借助自媒体的运作核心——"特征算法"的差异性制造工具。所有的内容提供者和参与者都被制造差异性的信息算法覆盖、关联和驱使。

在热力学理论建立的初期，一个问题一直困扰着物理学家——高势能与低势能的混合过程似乎只能朝一个方向进行，即热力学第二定律所表达的"宇宙的熵恒增"。物理学家发现，世界上的很多事物都是可逆的，于是断定热力学第二定律不是必然的，只不过逆向运动的概率极小，按麦克斯韦的比喻，这个概率小到相当于"把一杯水倒入大海后，再取回同一杯水"。

可以发现，客观世界中的无序状态远多于有序状态，只有极少数状态是有序的。于是物理学家麦克斯韦提出了一个思想实验：设想"一个存在物"通过判断、区分和控制分子运动的快慢，按势能对分子运动进行区分，即对熵进行逆向处理，使得自然提高的系统熵在干预下降低。这就产生了一个新问题：识别、筛选和控制运动集合中分子的运动，进而改变熵增的自然趋势，就需要获取系统内最小要素运动状态的信息。有人认为，识别、筛选一个单元要素的运动状态，如一个分子的运动状态，至少需要 1 比特的信息。与这个信息单位对应的是一个单位的熵。在麦克斯韦思想实验中，负责分辨分子运动和控制分子是否通过隔板的是"麦克斯韦妖"。麦克斯韦思想实验启发科学家对物质与信息的关系形成了新认识，为香农提出信息熵的数学理论提供了思想基础。

香农的信息熵是从信号传递的过程进行思考的。从信源端到信宿端传递的信息的量，可以用数学表达的量来度量，并赋予这个度量的指标以确定的概念。香农也选择了热力学中用到的概念——熵，但与热力学中对熵的界定略有不同。香农认为，熵度量的是信息的不确定度。香农

的信息熵公式为

$$H = -\sum p_i \log p_i \tag{2-1}$$

香农在回答控制论的创立者维纳的疑问时，给出了这样的解释："我考虑的是，从一个集合中做出选择时会有多少信息产生——这样一来，集合越大，产生的信息越多。而你考虑的是集合越大，不确定性越高的情况，对于该情况，知识更少，因此信息也更少[1]。"

在香农的解释中，熵是在将一条信息从集合中抽取出来时，其相对于整个集合所具有的信息量，用概率表示。在香农的概念体系中，有两个范畴：一个是信息个体，另一个是产生信息的集合。这个集合所对应的是信息资源范畴。维纳与香农考察的角度有所不同，但本质是一样的。在维纳看来，信息资源集越大，意味着可能包含的信息量就越大，而每个单元的信息就相对较少，熵相对较高。

香农在定义信息熵时提出，在分析二进制数字容量时选择"比特"比较合理。如果一个抽象设备可以表示 1 比特（0 或 1），那么可以定义其信息熵是 1 比特，用 H 表示。同时，香农意识到在众多产生信息的情景中，不是每个状态的概率都相同，于是将信息熵表示为

$$H(x) = -\sum_{i=1}^{n} p(x_i) \log_2 p(x_i) \tag{2-2}$$

香农提出信息熵概念的目的是度量通信效率，在通信资源稀缺的时代，研究不同符号或符号组合的信息熵，对优化编码方式有重要意义。

例如，信息熵可以在计算机存储中计算压缩比率，在使用 8 比特存储一个字符的存储系统中，熵是 4.18 比特，这意味着理想的压缩算法可以使压缩比率达到 48%。

如今，香农的信息熵对信息效率的度量依然具有对信息权重的判断

---

1. 詹姆斯·格雷克. 信息简史[M]. 高博, 译. 北京：人民邮电出版社, 2013.

意义。每个组织机构，特别是现代化企业的日常运行，都会产生海量数据，保有大量的信息资源，这些信息资源被视为重要资产。围绕这些资产发展有效的信息策略，使这些资产回报最大化，利用信息熵评估和测算信息资产中的有价值信息量是非常重要的。

可以先在全部信息资源中选取部分进行解析，采集相应业务活动中的信息熵数据，再使用信息熵公式进行部分信息熵计算，然后估算整体的信息熵，具体步骤如下：确定数据变动周期，确定应评估的业务流程、业务步骤、具体业务事项，运用信息熵公式分项计算后再逐级合计，推测所评估业务流程的信息熵，进而扩展到评估所有存量信息资源的信息熵。

更重要的评估是企业内信息资源与信息应用的信息熵比率评估，可以针对某项业务活动中的信息应用与涉及的信息资源分别计算信息熵，然后进行比较，进而计算每项业务的信息熵比率的简单平均值或加权平均值，以获得对企业信息资源有用性的评估。可以利用业绩指标来计算信息应用的信息熵。

在大数据时代，取得社会话语权、商业控制权或政治控制权，需要占有海量的信息资源。信息资源可用性的提高，受信息资源"自我淹没效应"及成本收益比率等的限制，人们需要估量占有多少信息才可以控制必要的信息资源，从而取得话语权、商业控制权或政治控制权。香农的信息熵公式是进行信息控制度测算的核心。

世界受熵增原理的永恒控制，我们会遗忘做过的事，记忆中的细节会变得模糊，我们面对的环境是纷乱的，但我们必须做出决策；我们需要接收信息以供做出决策，但信息流很快会将我们淹没。我们所在的世界是一个趋于混乱和无序的世界。人类也在无序中不断发展，不停地吸收能量，再造或维持骨骼、肌肉、囊泡、生物膜的结构及循环系统、代谢系统的运行。从某种程度上看，我们的存在似乎就是为了一个知其不可为而为之的目的——控制熵。爱因斯坦将熵增原理视为物理领域的第一定律。信息资源活动，从本质上讲就是为了对抗熵增原理的。因此，信息资源活动的本质特征之一，就是为来源不同、内容不同、主体不同的信息构建有序性，以降低人类活动自然产生的熵增；而构建有序性的方式随着人们对世界认识的进步，也发生着深刻变革：由按照我们的认知对信息进行整序到由网络结构自主整序。这可能也是"后信息时代"互联网企业成功的核心秘密之一，成功企业的商业模式不是预先设计的理想模式，而是由客户和市场决定的；企业的职责就是发现其中的模式，并交由客户使用和优化。从这一点来看，人类对抗熵增的能力取得了革命性提高。

信息资源结构和模式的建立，为我们创造新信息提供了基础条件，我们的信息资源活动就像"麦克斯韦妖"一样逆着熵增趋势而行。随着信息资源的不断积累和扩展，人类更依赖对物质运动的新结构和新模式（映射为信息资源的新结构和新模式）的发现。但这是远远不够的，我们必须学会能使思维具有在信息资源中自主学习，自我发现新结构、新模式的机制，以跳出在面对大量信息时能力不足的困境。在"后信息时代"，信息资源不仅由传统意义上的数据、信息、知识（包含一定内容的载体）构成，还由用于沟通的网络、用于整合信息的平台及应用程序，以及能进行自主学习的算法、信息模型等构成。人类正借助自己构建起来的网络，自主汇聚群体的认知能力，以对抗熵增。这正是信息资源行为的价值和意义所在。

香农信息熵概念的提出，出于从通信的路径测量信息量的目的——信源端发送一定的信号到信宿端，能传递多少信息？从信源端发出信号，信号反映的不确定性越大或越混乱无序，其概率就越小，带给信宿端的信息量就越大。香农用概率表示不确定、混乱或无序与所反映的信息量，这个信息熵与假想出来的"麦克斯韦妖"所做的功是等价的。当然，在香农概念体系中并没有涉及信息资源这一概念。认真体会香农对信息熵概念的界定，可以区分信息和信息资源这两个概念，即信息熵反映的概率是某条信息相对于其所在的信息集合可能出现的概率，进而不仅可以在香农的信息论中建立起信息的概念，还可以区分其与信息资源概念。

2.3　信息熵的应用拓展

香农提出信息熵可以度量通信过程中信号承载的信息量。随着信息科学与应用的发展，不断有信息行为需要被度量和比较信息熵，以便发现不同变量下的信息量变化，发现词语之间的相关性，识别数据的特征值等。

1. 信息增益（Information Gain）

信息增益是特征选择方法，特征选择需要先对特征的重要程度进行量化。信息增益用于衡量特征能够为分类系统带来多少信息，带来的信息越多，该特征越重要。当新增一个特征 X 时，信息熵 $H(Y)$ 的变化即为信息增益。信息增益越大，这个特征的选择性越好。

信息增益定义为待分类集合的熵和选定某个特征的条件熵之差。

例如，训练数据集 D。$|D|$ 为样本容量，即样本数（D 中的元素数），设有 k 类样本，用 C_k 表示，$|C_k|$ 为 C_i 的样本数，$|C_k|$ 之和为 $|D|$，$k=1,2,\cdots$，根据特征 A 将 D 分为 n 个子集 $D_1, D_2, \cdots, D_n$，$|D_i|$ 为 D_i 的样本数，$|D_i|$ 之和为 $|D|$，$i=1,2,\cdots$，记 D_i 中属于 C_k 的样本集合为 D_{ik}，即交集，$|D_{ik}|$ 为 D_{ik} 的样本数，算法如下。

输入：D 和 A。

输出：信息增益 $g(D,A)$。

（1）D 的熵为

$$H(D) = -\sum_{k=1}^{k} \frac{|C_k|}{|D|} \log_2 \frac{|C_k|}{|D|} \tag{2-3}$$

由于训练数据集总数为 $|D|$，某个分类的样本数为 $|C_k|$，所以随机变量取某个值的概率为 $|C_k|/|D|$。

（2）选定 A 的条件熵为

$$H(D\,|\,A) = \sum_{i=1}^{n} \frac{|D_i|}{|D|} H(D_i) = -\sum_{i=1}^{n} \frac{|D_i|}{|D|} \sum_{i=1}^{n} \frac{|D_{ik}|}{|D_i|} \log_2 \frac{|D_{ik}|}{|D_i|} \tag{2-4}$$

此处的概率计算同上，$|D_i|$ 是某个分类的样本数，$|D_i|/|D|$ 是选定某个分类的概率，可以将 D_{ik} 理解为 D_i 条件下的某个分类的样本数。

（3）信息增益为[1]

$$g(D,A) = H(D) - H(D\,/\,A) \tag{2-5}$$

2. 最大熵原理（Maximum Entropy Principle）

最大熵原理认为，在学习概率模型时，在所有可能的概率模型（分布）中，熵最大的模型就是最好的模型。如果有约束条件，最大熵原理也可以表述为在满足约束条件的模型集合中选取熵最大的模型。

假设离散随机变量 X 的概率分布是 $P(X)$，则其熵为

$$H(X) = -\sum_{i=1}^{n} p(X_i) \log_2 p(X_i) \tag{2-6}$$

熵满足

---

1. 李航. 统计学习方法[M]. 北京：清华大学出版社, 2017.

$$0 \leqslant H(P) \leqslant \log|X| \qquad (2\text{-}7)$$

当 X 服从均匀分布时，右边等号成立，熵最高。

最大熵原理认为，要选择的概率模型必须满足已有的事实，即约束条件。在没有更多信息的情况下，那些不确定的部分都是"等可能"的。最大熵原理通过熵的最大化来表示等可能性。例如，对于一个有 6 个面的色子，我们会很自然地认为每个面出现的概率都是 1/6。如果有一个先验条件：出现"1"的概率为 1/2，那么一般会推测剩下 5 个面出现的概率都是 1/10。做出这样推测的潜在逻辑是，对于一个事件，不做出任何主观假设（引入不可信的先验信息）往往是最可信的。

最大熵原理可以应用在很多地方。例如，我们在建模时，需要选择概率分布，默认比较好的选择是正态分布，是因为受中心极限定理约束，很多分布趋于正态分布。另外，在具有相同方差的所有可能的概率分布中，正态分布在实数上具有最大的不确定性，即正态分布是模型加入的先验知识量最少的分布，这正是最大熵原理的体现。

3. 互信息（Mutual Information）

互信息度量两个事件集合之间的相关性。

在通信模型中，互信息是衡量信息传输有效性的指标。信源端发出消息 x_i 的概率 $P(x_i)$ 为先验概率。信宿端收到 y_i，利用收到 y_i 推测信源端发出的 x_i 的概率为后验概率，有时也称条件概率。后验概率与先验概率之比的对数为 y_i 关于 x_i 的互信息。

两个离散随机变量 X 和 Y 的互信息可以定义为

$$I(X;Y) = \sum_{y \in Y} \sum_{x \in X} P(x,y) \log \left[\frac{P(x,y)}{P(x)P(y)} \right] \qquad (2\text{-}8)$$

互信息度量 X 和 Y 的共享信息，即知道两个变量中的一个，度量另一个变量不确定度降低的程度。例如，如果 X 和 Y 相互独立，则 X 不对

Y 提供任何信息，反之亦然，因此它们的互信息为 0；如果 X 是 Y 的一个确定性函数，且 Y 也是 X 的一个确定性函数，那么传递的所有信息被 X 和 Y 共享，X 就能决定 Y 的值，反之亦然，在此情形下，互信息与 Y（或 X）单独包含的不确定度相同，称为 Y（或 X）的熵，且这个互信息与 X 的熵和 Y 的熵相同。

互信息有以下性质：①对称性，即 $I(X;Y)=I(Y;X)$；②当 X 和 Y 相互独立时，它们的互信息为 0；③互信息可为正值或负值，反映两个事件之间的关联，如果为正值，则表示通过接收 y_j 判断是否发送 x_i 的不确定性低；如果为负值，则表示信道噪声影响传输，通过接收 y_j 判断是否发送 x_i 的不确定性高；④极值性，即两个事件的互信息不大于单个事件的自信息，即

$$I(x_i;y_j)\begin{cases}\leqslant I(x_i)\\\leqslant I(y_j)\end{cases}\qquad(2\text{-}9)$$

第 3 章

信息概念论

3.1 数据与信息之辨

生活在不同圈子中的人，在面对相同的数据时，获得的信息是不同的。如何从信息论的视角看待这样的差异呢？

可以从这个事件中提取其中包含的相关要素。

第一，数据反映了某些事实。

第二，由数据得出两种结论。

第三，价值观与认知结构会对信息作预先设定。

1. 信息对象：事实数据

数据是我们得出结论的源头。数据与结论并不是一致的，数据是人们得出结论的基础。人们是基于某个事物产生的信号来对该事物进行判断的，以人类的智慧为前提，按事物信号和对事物的判断可以分化出主体和客体两部分，或者说区分为"两元"。事物的变化是永恒的，但事物的信号却需要人们有目的、有意识地采集。这些被有意识地采集、获取和记录的事物变化特征，有别于事物变化本身的特征，它们是被人类的意识和认知结构编码、整合过的信号，可以将这些经过人类意识和认知结构加工的"信号"称为"信息"。

构成信息的数据是对事实的反映，但不要求这些数据是正确的或真实的。例如，引起争论的信息所基于的数据，可能是由有责任心和专业水平较高的专业人员采集的，也可能是由某些具有一定专业知识的人编写的。这些数据只是我们所认为的与某些事实相关的素材，其特征不是正确性和真实性，而是相关性。正确性和真实性是需要人类应用既已证明的公理及逻辑去证明或证伪的。即使对于能正确反映事实的数据，不同的人也未必能获得相同的信息。对同样的事实可以有不同的解释，根据不同的应用目的也会得到不同的信息。例如，火车站的列车时刻表应该是真确的数据，但对于有不同旅行目的的人来说，关注的信息是不同的。

2. 信息的构成：客观信息与主观信息

在一些情况下，信息与事实是有区别的，对于同样的事实，不同的主体会从中得到不同的信息。信息是通过任何来源获得的原始数据，这些数据可能是零碎的、矛盾的、不可靠的、模棱两可的、有欺骗性的或错误的，而信息却是经过人类收集、评估、分析和解释的。从逻辑上讲，数据概念是与事物对应的，面向事实的；而信息概念不完全与事物对应，事实可以是信息的基础，但信息是受人类的主观目的约束的。

自然事物的变化和人类社会的变化是永恒的、客观的。人类要想了解自然事物和人类社会的变化，就要用自己的智慧来获取并编码来自外部世界的信号，这些信号就成为信息，是人类为达到特定目的而从外部世界中提取的信息。这些信息可能是客观的，也可能不是客观的，事实与反事实都可能是信息素材，信息是可以引导人类行为或意识的。

从本源来看，信息是物质演化并分化为二元的必然结果。单细胞变为双细胞，可以获得更高的生存能力，除了要实现二元分工，以获得更多资源，还要通过某种信号感知和联络对方，以保持某种协调性，从而维护整体优势，只有如此，才能实现生物能力的进化，而不是简单进行分裂和复制。非生物也是如此，在原子层面，质子和电子以正负电荷为信号，互相感知、联系并构成整体。当进阶到分子层面时，需要更多的元素各自发出信号，在整体上达成某种均衡，从而建立新的物质。对于物质来说，信息论也是二元的，信息是物质元素一方为使对方感知到自身的存在而自然产生的信号，双方互为感知对象，不存在主客体之分，双方是对等的，信息量即依存量。

当物质进化到更高层次，由更大的结构构成整体时，特别是在智慧生物出现后，一方面，生存能力大大提高；另一方面，生存主体需要感知的对象更复杂。生存主体只拥有简单的感知能力是无法生存的，必须建立与整体相适应的更高的认知能力，对感知到的对象的属性进行整合、编码，才能获得符合生存需要的丰富、全面的对象属性，即信息。这样一来，信息二元性的主客体特征具有显著性。

在二元性的主体特征显著的前提下，与客观概率相比，主观概率在信息中所占的比例更大。客观概率所要求的严密逻辑、证伪规范，以及对全体数据的基本要求，虽然也是人类认识世界的重要因素，但其更趋向于知识这一信息的高阶概念。主观概率的认知倾向才是信息这一概念的主导模式。人们往往是凭借自己的直觉、经验、固有观念、学识能力来处理数据和得到信息的。

在一些争论中，争论双方其实都没有认真评估相应的客观数据，或者根本不具备进行辨别、评估的专业知识和能力。因此，争论双方从所谓的事实数据得到的信息，具有强烈的主观性。争论双方都自以为把持了"正义"，甚至从主观概率的数据中得到了真理。客观地说，争论双方得到的信息都是信息二元关系中主体的自我意识，本质上与真理无关，这就是信息的一般态。信息是各主体的个性产物，是受主观概率支配的，尽管人类不断要求自己趋于理性，但也不能改变信息的这一基本特质。为达成客观概率信息的条件，人类主体可能需要通过做出一系列的理性

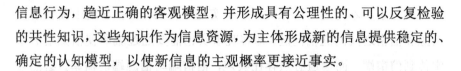

信息行为，趋近正确的客观模型，并形成具有公理性的、可以反复检验的共性知识，这些知识作为信息资源，为主体形成新的信息提供稳定的、确定的认知模型，以使新信息的主观概率更接近事实。

谈到信息过程中的主客体关系，不得不提及认知逻辑。认知逻辑是 20 世纪 80 年代兴起的一门跨学科研究，这个学科是罗伯特·奥曼于 20 世纪 70 年代在经济学研究中提出的，当时，他通过提出共同知识的合理性对纳什均衡基础进行了分析，并因此获得了诺贝尔奖。

罗伯特·奥曼提出的基本观点如下：如果两个人有相同的先验知识，并且他们对于一个事件 A 的后验知识是共同知识，那么这些后验知识相等。罗伯特·奥曼经过系统论证，对纳什均衡进行了完善和补充，对主体知识的意义进行了充分的证明[1]，主体知识被描述为"最佳信息"。其结论通俗来讲就是，如果两个人有相同的先验知识，并且他们关于给定的事件 A 的后验知识是共同知识，那么这些后验知识就一定是相等的。即使他们的后验知识建立在不同信息的基础上，这一点也是成立的。简单来说，就是有相同先验知识的人不可能不达成一致。

认知逻辑可以对主体的信息进行推理，也可以对其他主体的信息进行推理。认知逻辑被广泛应用于许多领域，例如，计算机科学中的分布式系统就是运用认知逻辑刻画信息的；哲学领域的认识论、经济学领域的博弈论及其他领域也用到了认知逻辑，这些领域都研究了信息动态。

我们应该看到，认知逻辑是基于概率的，其对主体信息的判断是概率空间的拟合，不能完全替代主体的理念等要素在形成后验信息时的差异性。其在框架中所刻画的主体是逻辑全知的。多数人认为，对于人类而言，全知只是理想化的。

是否应该把信念和事实作为两个事件来对待？信念解释事实，但并

---

1. 彼得·阿德里安斯，约翰·范·本瑟姆. 信息哲学[M]. 殷杰，原志宏，刘扬弃，译. 北京：北京师范大学出版社，2015.

不需要与事实本身建立因果关系。事实是客观的，但在客观上需要解决信源和信宿之间的通信问题，即客观事实也需要通过编码使信源端的事实传到信宿端，而信道必然存在噪声，信宿端与信源端的概率，必然存在传输偏差，即所谓的客观事实可能是有偏差的。因此，只在概率空间对信息一致性的评估一定是概率上的，而不是完全语义上的。

在探讨信息问题时，无法回避客体的事实与主体的理念之间的差别。客体特征构成的事实本质上也是经过人的意识、思维编码的，从这个意义上讲，信息本质上是二元的，也是人的理念的产物，因此信息只强调客观对象的真实性、原本性是残缺的。哲学界、科学界将科学定义为可证伪学说，就是强调人类从客观对象处获得的变化和规律是不完全的、非绝对的，形成学说的主体认知能力是有限的。从社会层面上讲，所有的个体化信息都是在个体的价值观影响下形成的，而个体的价值观是受社会制度、社会环境、社会氛围影响的。

由于信息构成具有主观性，可以断言：信息是以人类需要和行为目的为确定值的一种概率分布。也可以认为信息是一种主观概率，需要在贝叶斯模式下不断进化，在共同知识上不断达成共识，才能向客观概率趋近。从信息论上讲，信息资源应该包括信息不断进化、迭代、接近客观概率的先验条件，具体形态有经验、结构化数据、知识、知识结果，各类已得到证明的理论、定理、公理，在网络信息时代，其形式更多，包括各类软件、算法、搜索工具、网络信息平台、App，甚至包括全球的、地区的、社群的舆论场。因此，信息资源不仅是信息的集合，还包括信息的相关条件变量，是不同主体获得信息的来源，是使信息需求主体获得趋于客观的信息的通道。

3. 价值观与认知结构对信息的预先设定

在信息形成时，信息主体的主观性具有规定性作用。当争论双方面对同样的数据却发生针锋相对的争论时，可以这样判断：争论双方从背景数据中取得的信息的意义是不同的，甚至是完全相反的。从直观上讲，不同主体面对相同的背景数据所采用的"算法"不同，对数据之间的关系和意义的处理存在差异，因此会得到不同的信息。正如前义所述，信息资源包含既有的数据、知识成果，也包含不同的观念、意识，甚至舆论倾向，在互联网体系及各种应用的加持下，信息资源包含了信息的大部分预设，争论双方获得的信息是被各自的信息资源预设了基本价值观和信息背景后产生的立场。

在人工智能理论和实践盛行的时代，信息的获得要利用大量的背景数据训练算法以发现和解构数据对象中蕴含的模式，并进一步为信息主体提供解答问题的信息。人工智能的能力越来越强大，越来越不通过人们预先设定的算法来获得解答问题的信息，而是通过反馈和激励获得不断优化算法的能力，更准确、更深入、更动态地为主体提供决策信息。这种能自我优化算法、摆脱预设算法的限制、具有自主性的机器学习能力，被称为"强人工智能"。

信息是由人的需要或行为目的定义的，任何产生信息的算法也要在一定的目的下从背景数据、事实或样本中获取主体需要的信息。因此，信息的产生必然受主体价值观、认知能力的影响和约束。在信息的形成完全受人类的大脑和感官支配的情形下，人类至少会形成对背景数据选择和解读、编码过程的价值偏好，使得信息的意义具有主体价值观的印记，主体价值观影响对数据的筛选。认知能力和结构也会在信号感知、选择、编码和评价中起决定性作用，虽然不会决定信息意义中的价值偏好，但可以基本决定信息的内容。为了使信息更符合主体的目的和需要，人类只好借助信息资源这一中介，调整自身的信息价值目标，提升和扩展自身的认知能力，把个性化信息扩展为具有共性意义的信息，转化为具有共性的、系统性的知识，进而形成具有普遍共识的内在逻辑自洽的公理，并反过来使得信息具有更好的主体目的适应性。

人工智能和机器学习虽然改变了信息形成机制，特别是在强人工智能机制中，人类只需要预设初始变量和算法，系统就可以通过训练实现自我迭代和优化，但信息仍然是在人类主体行为目的约束下，受主体目的评价的信息形成机制。系统在训练背景数据或学习样本时，极有可能发现人类无法直接获得的模式，超出信息主体的预期，但最终系统的信息结果是向主体的信息目的递归的，信息也是受信息目的评价的。除得到主体需要的信息外，系统还可能获得新知识，这些知识将成为信息资源并进入下一次信息生产循环。

人工智能的进化改变了信息形成机制中人的价值观、认知能力对事实数据的预设性，不是由人在信息形成的过程中编辑数据，构成需要的信息，而是让机器有了更高的自主学习能力，从而使对信息的预设回归初始状态和初始逻辑，这大大减小了由价值观的偏颇和知识结构的不健全导致的对事实数据解读的误差，并有利于发现事实数据中隐含的更多模式，使人类获取信息的客观概率更符合客观实际。

然而，人类目的和价值观始终是主体对信息的基本规定。在人工智能高度发展，甚至有逐渐取代人类智慧的趋势下，这是一条人类必须坚持的准则，不能为了提高信息形成机制的有效性而摒弃这一准则或不以为意地任由其发展。这是重新重视被大数据、人工智能、知识进化等概念压制的信息资源概念并使之能承载和覆盖上述概念的重要意义之一。原因在于，信息资源概念的基本意义是作为信息的来源，这意味着它可以容纳大数据、人工智能机制和成果。人类是信息资源的主导者，信息资源被人类的行为目的所驱使，进而明确信息是人类价值观的产物，而不是被由机器智能提供的信息控制的。

这里所述的争论，反映了信息主体受各自价值观和知识结构的预设性规定，在很大程度上，争论所依据的信息是不准确的，即使某个人的知识结构能够覆盖相关的知识，信息也很可能是有偏颇的，是受其价值观影响的。

假设事实数据 P 表示事实的向度，$0 < P \leqslant 1$。价值判断 V 表示认知主体对事物的评价倾向，$-1 \leqslant V \leqslant 1$。当 $0 \leqslant V \leqslant 1$ 时，表示对事物有正面评价；当 $-1 \leqslant V \leqslant 0$ 时，表示对事物有负面评价。知识程度 K 的取值范围是 $0 \leqslant K \leqslant 1$。$I$ 表示信息，I' 表示由事实数据构成的信息，即事实信息。

由于知识有助于确定事实数据的有效性，知识越充分，事实数据的有效性越高，因此知识程度 K 与事实数据 P 正相关，于是 $I' = K/P$，可以写为 $I' = -\log_2(K/P)$，在加入价值判断 V 后，I' 可能发生信息性质的变化，即 $I' = -V\log_2(K/P)$。

3.2　信息与文字载体

文字是人类表达信息的主要形式。虽然文字和语言密切相关，但西方哲学家柏拉图认为，语言和文字是内外有别的，文字被看作人类心智的"外在符号"，而且柏拉图主张不要过于依赖文字，以免妨碍人类的思维活动。语言在西方文化传统中是作为思维工具和手段存在的。乔纳森·米勒说过："事实上，语言之于心智的关系，恰如立法之于议会的关系，这种能力通过一系列的具体动作体现。"

中国的文字系统不同于西方文字的音节字符系统，中国的文字是通过字形表意的，是从更直观的对某种事物或情景的表达转化而来的，人们通过观察可以直接了解意义。虽然随着字形的不断简化，简体中文不足以直接获得意义，但交流主要是通过语音完成的，任何文字都是语音交流的延伸。早期的哲学家或语言学家认为，语言是直接和灵魂、思维联系在一起的，是内在的信息载体，而文字则是人的意识、思维的外在表现。

虽然语言本质上是交流双方通过声音符号进行交流的载体，但是由于声音符号在语言产生和发展过程中始终存在易失性问题，所以信息的交流始终受空间和时间上的限制。在群体较小的情形下，如在一个原始族群中，单靠声音进行交流是可以满足基本生存需要的。很显然，依靠声音符号进行交流的方式在空间和时间上的扩展和延续受到了极大的限制，人们既不能在族群间进行更广泛的信息交流，也无法把需要记忆的信息存储起来并传递下去，因此文字的形成是人类生存发展的内在需求。

原始族群为满足生存需要，需要交易物资，需要抢夺资源。对于动物而言，出于本能也需要进行信息交流，很多动物会通过撒尿或喷洒其他信息素来传播自己的地盘控制权信息、求偶信息和食物指引信息。要实现族群之间的交流，需要扩大交流范围，达成更大范围的意思共识，声音无法把比较复杂的交易行为信息确定化，信息交流的障碍会极大地妨碍交易的进行。西方学者认为，拼音文字有共同的祖先，根据字母表"alphabet"一词在很多字母拼音语言中的相近性就可以了解各族群文字的同一起源。据研究，字母文字起源于地中海东岸的腓尼基地区。相邻的巴勒斯坦、腓尼基和亚述地区，是政治纷乱、文化交流融汇之地，也是地中海贸易发达之地[1]。大量的商品贸易行为，需要把不确定的交易信息确定化，才能保证大范围交易的有效性。共同的字母表表明，早期的字母文字是交易中使用的共同的（至少是相近的）文字系统。后来出现文字上的差异应该是民族或地区自我发展和演化的结果。人们对早期的苏美尔文明的考古发现也可以证实上述观点。在现代人破解了苏美尔

---

1. 詹姆斯·格雷克. 信息简史[M]. 高博，译. 北京：人民邮电出版社，2013.

文明刻在泥板上的楔形文字后，初期有些大失所望，因为大量的楔形文字记载的不是什么诗歌、历史文献，而是契约、法律条文，以及大量的大麦、牲畜、油、苇席和陶器的账单，后来进一步破译发现，泥板上还有大量的数学计算过程，甚至有几何级数，以及求平方根、立方根的步骤。这些表明产生文字的最主要的原因是信息交流范围的扩大。在信息交流范围扩大的过程中，人们必须把不确定的信息，以及只可意会的小范围使用的可以模糊表达的口语符号，用文字符号来表达。

从文字使信息在时间轴上传递来看，人类作为高级动物，有主动把表达自己意志的信息传递下去的觉悟。透过图腾、仪轨等聚拢族群并保障族群的延续是一个族群维持其存在的必然行为。最初的图腾和仪轨等是以绘画形式记录和表达的，人们为其赋予一定的意义，载有特定意义信息的绘画符号还不能被称为文字，但它们的出现却是人类建立了自我意识的标志，人类不仅可以将所见事物用抽象的、形式化的符号表达出来，还可以用形式化的方式表达自己臆造的，甚至反事实的事物，这是人类构建具有抽象概念文字的发端。历史学家尤瓦尔·赫拉利在《人类简史：从动物到上帝》一书中介绍了一个从德国施泰德（Stadel）洞穴发现的象牙制"狮人"雕像，距今已有 3.2 万年[1]，人们猜测，这可能是一件由史前人类制作的艺术品，也可能是宗教用品。无论是艺术品，还是宗教用品，这项考古发现都意味着人类把某种想象的信息与特定的符号相关联。

这种绘画形式的符号体系存在模糊性和多义性问题，因此对这些符号所蕴含的信息进行解释往往是部族的巫师或酋长的专有权利。这里有一个问题：一个部族的图腾等蕴含的模糊不定的生存理念、技能是需要以一种比较确定的意义传递下去的，这些比较确定性的意义是维系族群生存的关键，不能用含混不清或可以做不同解释的信息表示。

---

1. 尤瓦尔·赫拉利. 人类简史：从动物到上帝[M]. 林俊宏，译. 北京：中信出版社，2014.

中国从传说中的黄帝时期起，就有"史官"负责传承本部族的价值观和生存智慧。据说，黄帝的史官名为仓颉，在中国古代的史书中，对这个传说中的人物及其事迹有大量记载。东汉《论衡》记载："仓颉四目，为黄帝史。"《淮南子》记载："昔者仓颉作书，而天雨粟，鬼夜哭。"真实历史究竟如何，已无从考证，可以肯定的是，文字的创造者应不止仓颉一人。中华民族的文字是逐渐演化而来的，它是中华文化几千年屹立不倒，维系中华文明绵延不绝的根基。生存在中华大地上的无数部族把自己的精神价值和生存规则，把自己所见、所识、所想的信息用各种符号表示和记录下来，经过长期的交融、汇集、共存，直到国家形态建立，在一致性、确定性的强烈需求下（一个重要节点是秦始皇统一六国，为统治的需要而推行的"车同轨、书同文、统一度量衡"）中国的象形文字系统逐渐定型、定意、减并，以具有一致性的形式、确定性的意义，成为成熟的文字体系。

中国的文字符号是以形表意的（从视觉到意识），一个个字符通过其字形表达事物的信息，把字符连贯起来就是把"意"连贯起来，可以表达更多信息，字符的顺序即可构成语义的连贯性。人们通过视觉可以感知连贯的字符所表达的语义，因此汉字系统是不太讲究语言规则和结构的，所见即所知。例如，"大漠孤烟直，长河落日圆。"这种字符的连贯似乎使我们看到了大漠的苍凉情景，而这种情景是各字符单独意境的组合。

与中国的文字符号不同的字母文字（从听觉到意识），字母表达的是声音的形状，然后由视觉进入人的观念，字母不能直接表达意思信息。因此，字母文字体系的成熟、发展与中国文字体系的路径不尽相同。对于字母文字体系而言，人们只有为其灌输意义，分辨词性，建立结构，才能使在视觉上不能直接感知意义的字母文字具有可以感知意义的性质。

西方的字母文字，从字母表出发，经过长期的扩散和使用，在不同地区和民族中融合，最后在巴勒斯坦地区形成了由 22 个字母构成的原型，又经过进一步扩散和使用，分化出了不同的字母文字体系[1]。其成为一个比较成熟的、可以明确表达信息的文字系统，还需要经过从听觉感知向视觉感知转化的过程。

第一，要对口语中形成的词汇进行规泛化，使字母文字具有较为一致的和确定的形式。只有这样，其才能成为承载确定性信息的载体。这个过程是将大量的文学、史实、法律规则、交易信息等，由口语形态转化为文字形态，在充分的信息交流中使文字初步定型。

第二，为由字母构成的词汇灌注概念，即概念化过程。这是为字母文字赋予确定的意义，同时初步确立词汇的逻辑结构和定位的过程。亚里士多德曾解析各种词语的词性并确定词语的概念，这一过程也包括形成抽象概念的词汇库。字母文字要素的概念化，为字母文字可以确切地表达信息奠定了基础。

第三，字母文字体系的成熟还依赖使用范畴，即使字母文字能更深入地表达事物及人类观念，进而使文字本身能映射事物或人类观念的结构和关系，使文字具有结构和关系属性，全面、准确地为词语赋予语义，这是字母文字获得意义的必要途径。《柏拉图导论》的作者哈弗洛克指出，这是人类在心智上将经验从"叙事的散文"转换为"观念的散文"的过程。现代人都知道，对信息进行分类或建立某种确定的结构，是对词语赋予语义的基本方式，如现代的图书分类体系、数据库的数据结构，都有这样的作用。其实这也是文字深入体现人类的智慧成果、体现人类对客观世界的理解，并获得相应意义的基本方式。

第四，在文字符号的基础上建立逻辑推理系统，使得文字符号成为人类的工具，有助于进行思考和逻辑推理，获得符合人类思想规则的确定性信息。在口语交流中，充满了具有随机性的意义表达，口语

---

1. 詹姆斯·格雷克. 信息简史[M]. 高博，译. 北京：人民邮电出版社, 2013.

交流中的语言要素是不同人的经验积累，虽然具备了词汇形式和语言结构上的一致性，但缺乏语义上的一致性和精确性。逻辑推理要求有一致和精确的语义，这样才能由前提推导出结论，解析不同事物间的因果关系。特别是对于字母文字这种由听觉感知转化为视觉感知的系统，转化后的字母符号不具有直接感知性，对语言的逻辑结构要求远高于象形文字系统。

从字母文字"塑形、赋意、引入范畴、逻辑定型"的成熟历程来看，一致、确定地表达信息是内在动力，但字母文字由听觉感知转化为视觉感知，有构建逻辑架构的内在要求，只有将逻辑架构作为表达信息的基础，才能发展出比较成熟的字母文字体系。这一点和中国象形文字的成熟历程有所不同，象形文字发展的早期可以比较直观地通过视觉感知完成塑形和赋意的过程，逻辑运行就会较为简单。中国文字体系经过数千年的在大量经典文献、史实和制度中的运用，完成了文字的塑形和赋意甚至范畴的界定。一个重要的例证是，中国的文字体系中包含大量的语录、成语、诗歌等，这些是语言的特别形式，用现代的视角来看，其像算法、公式一样向人们传递前人的思想逻辑信息。这些语录、成语、诗歌等为人们获得信息提供了内在逻辑，这些语言要素可以向信息接收者传递确定的认知和判断信息，而不需要通过逻辑推导获得信息。它们是重要的信息资源。文天祥的《过零丁洋》中有名句："人生自古谁无死，留取丹心照汗青。"通过文字组合，既告知同时代的人和后人他的处境，又通过文字提供了一个事情判断的准则：做人的标准就是如此。

3.3　信息与知识

一般人经常会混淆信息和知识的概念，在很多专业人员的意识中，两者既有联系又有区别。有人用信息来解释知识，指出"知识是信息的信息"，认为知识是用信息解读和说明的，不同的信息构成了某种逻辑关系[1]。例如，如果两条信息构成了因果关系，其组合就是知识。这种观点是可以表达信息与知识的区别的，但很难揭示两者的本质。还是需要从主体上对这两个概念进行认识，并探讨一些相关问题，才有可能接近两者的本质并对这两个概念进行区分。

弗雷德·德雷斯克等从哲学认识论的角度系统阐述了什么是知识，指出"认识论就是对知识的研究，包括知识的本质、来源、范围及形式。"知识是人类理性认知的结果。同时，弗雷德·德雷斯克提出，感知是信息的主要来源[2]，而"信息不需要有意识之物的存在，知识却需要。"他关于信息内涵认知的主要论点是在"意义"与"信息"的差别方面。他认为，信息必须是真实的，并以火车站咨询台的列车时刻表为例，指出其应该告诉乘客各车次进出站的时间，而不是随便说些其他信息或一些具有普遍性的信息，这些信息必须是正确的。他进一步列举"猪会飞"的句子，以进行分析，这样的句子可以表达意思但不带有真实的信息。在"猪不会飞"这一事实下，谁也不能说"猪会飞"是真实的信息。结论是信息带给我们的是我们需要知道的真理，而这是意义无法做到的。

在意义与信息的区分上，弗雷德·德雷斯克等引入了"自然意义"和"非自然意义"的概念，指出信息有时与自然的信号或指示物所带给我们的内容密切相关。例如，树桩上显示有 20 个年轮，表明这棵树有20 年树龄；人们看到有烟升起，会想到可能有火。有专家称，这种指示的或象征的意义为"自然意义"，并进一步提出了观点：自然意义是指示者所指示的东西，是自然符号所象征的内容。这样一来，事物所指示

---

1. 施赖伯. 知识工程和知识管理[M]. 史忠植, 等译. 北京：机械工业出版社, 2003.

2. 彼得·阿德里安斯, 约翰·范·本瑟姆. 信息哲学[M]. 殷杰, 原志宏, 刘扬弃, 译. 北京：北京师范大学出版社, 2015.

和象征的内容，以及所提供的信息，就都是客观的了，不以我们的意识为转移，也不因我们的所知而存在。弗雷德·德雷斯克等揭示了自然意义就是信息，其在讲述信息和知识的关系时提到，我们或许为了获取知识而寻找信息，但这些信息存在与否，与寻找信息的人无关[1]。

在展开讨论之前，先引入一个概念：环境变量空间。

人类存在于客观世界，只有感应、感知和推测客观世界才能生存。一般把从客观世界中提取出来的信号作为客观世界的真实映射。客观世界的事物是不可穷尽的，客观世界也是变化多端、错综复杂的。人类的每个生存行为都与一个特定的空间对应，这个空间的相关因素充满了不确定性。特定的人类行为目的对这些外部因素有确定性需求，但外部因素对人类行为目的的影响具有很高的不确定性。客观世界不会因为人类而按某种方式存在，人类只能在无限增多的熵的变量因素中选取与自己的行为目的相适应的信息，这个被主观界定的客观空间，被称为环境变量空间。

环境变量空间的范围是与人类行为相关的，不是全域的，而且它的空间边界是不确定的，是随着人的需求而变化的。空间中充满了不确定的变量，人们应根据自身的需求从大量复杂的变量中抽取有用变量，并把这些变量转化为确定的信息。因此，这些变量组成了与人类行为相关的变量空间。当人类的生存水平较低时，会直接面对自然物质环境，此时变量空间中主要包含自然物质及其变化的特征值。在人类有了语言、发明了文字后，变量空间内就有了文献，人类不必在自然界中直接提取自然物质及其变化的特征值，而可以间接地从前人的经验、知识中获取信息。这种变量空间极大地提高了获取有用信息的效率，因为这些变量中存在大量已经被前人确定的信号，但缺点也是

---

1. 彼得·阿德里安斯，约翰·范·本瑟姆. 信息哲学[M]. 殷杰，原志宏，刘扬弃，译. 北京：北京师范大学出版社，2015.

明显的——我们所获取的信息会受到他人的意识、思考的严重影响，因此只有对其中的理论进行逻辑严密推导和论证，才能为其他信息主体采取行动提供可信的信息。

互联网时代彻底改变了人们获取信息的环境变量空间，人们越来越不需要直接提取自然物质及其变化的特征值，甚至越来越少地从记录有系统化知识的书籍、文献中提取事物及其变化的特征值，而是进入了一个缺乏自主权、信号碎片化严重、信号可信度很低、充满了扭曲和错配的信息需求的网络环境变量空间。人类主动、直接获取事物及其变化的特征值的方式，随着人工智能和网络算法的普遍应用，正逐渐失去主导性。人类与环境变量空间的关系发生变化。

从人类生存和智力进化的角度来看，人类不是为了获取知识而寻找信息，相反，信息是人类为保障生存而产生的第一位的、最直接的需求。人类必须从外部汲取能量，并获得行动空间上的允许度和时间约束度，各种外部时空和事物特征值信号，构成了人类行动的允许度集合，也可以将这个允许度集合看作"环境变量空间"，但不是每种外部事物的信号都会对人的某种行为产生影响。例如，猎人进入一个陌生的环境，可能会注意周边的地势、远处森林的密度、猎物的数量及最容易捕捉的猎物等情况，而不会刻意关注森林中的树木究竟是什么类型、草丛中是否有可食用的稗子等。因此，猎人会对自己的"环境变量空间"中的变量有所选择，并做出相应的规划和计算。当然，对这些变量的选择是依据猎人群体或少数带头人的经验实现的。对自己的进袭路线、动物可能的逃跑路线、围猎策略等进行确定的行动，都依赖猎人从"环境变量空间"中提取信号并将其变为自己可以理解和可以运用的信息的过程。信息引起行为，但信息不等于"环境变量空间"中的信号，信息也不等于简单直接的信号感知，信息是经过人的智能处理的感知信号。知识的位置在哪里？知识就是处理和感知信号的机制，它是猎人对过去行为的信息积累、总结、规划。因此，人类不是为了获取知识而寻找信息，而是为了获取信息而建立知识。信息可以直接引导行为，当人们从"环境变量空间"中提取的是与主体行为吻合的、匹配的信号时，才能形成有利于行为的信息，因此信息的属性不是真理，而是行为的可依据性。

费雷德·德雷斯克强调，信息必须是真实的，"猪会飞"这个句子所表达的意思可以成立，但这个句子不带有真实信息。但笔者认为，"猪会飞"这个句子带不带有真实的信息，都不影响其真实性。人类的语言或文字是人类感知和思维的产物，其不具有绝对的客观性。人的思维可以是事实，也可以不是事实。即使是事实，也是经过人类意识中的感性逻辑体系和理性逻辑体系编辑的"事实"。"猪会飞"完全可以是对梦境的描述。它描述的可能是非现实，从这个意义上讲，这个句子不是真实的。但这个句子依然可以作为"环境变量空间"中的信号，给人带来信息，如这个人在说梦话，此时信息是以人的主观感知为条件的。当人们需要采取某种行为时，人们必须从其行为背景、环境的"环境变量空间"中获取信号，使之形成能支配行为的或与行为相匹配的信息。这时对标的根本不是现实中的"猪是不是会飞"的真实性，而是信息主体判断说话人是不是在做梦。信息是人类作为主体与外部世界发生关系时，对外部世界的感应。人是智慧生物，具有自我意识，以及感知能力、推理能力，因此人与外部世界的感应关系就产生了不对等的问题，信息不是质子用自己的正电荷去感应电子的负电荷，信息是在人的自我意识下的感知，信息是经过人的意识处理后的信号。信号源是"环境变量空间"，人的意识、人的行为不需要与这个"环境变量空间"中的所有信号建立耦合关系，只需要取得所需的信号。

这一信息论观点可以作为诺贝尔经济学奖获得者赫伯特·西蒙提出的决策理论的前提。赫伯特·西蒙的决策理论对经济学理论中长期处于统治地位的理性决策思想和最优决策理论进行了批判和颠覆。其核心思想是"有限理性"和"满意原则"，即任何决策都是在有限信息条件下做出的，因此不可能有最优决策，做决策应该以满意为原则[1]。

信息会影响决策的优劣。做任何决策都需要决策者在错综复杂的"环境变量空间"中获取信号，并形成可以支持决策的信息。不同的决策者面对相同的"环境变量空间"会获得不同的信息，决策策略也会有所不同，也会出现决策效果迥异的局面。原因在于，当面对错综复杂的含有海量信号与噪声的"环境变量空间"时，人们获取有用信息的能力是有限的，无法完全获取用于制定最优决策方案及评价决策效果的信息。因此，以决策者自身的需要、目的作为选取信号的标准，作为评价决策结果的依据，只能是"原则的原则"，即以自身的行为目的为出发点选择信息并评价其结果。这样的信息无法由客观概率选择，只能由主观概率选择。

关于"自然意义"与信息概念，弗雷德·德雷斯克认为，自然意义是客观的，具有自然意义的信息具有客观属性。笔者认为该观点也是不成立的，其所称的"自然意义"其实包含在人的"因果"观念中。无论是树木年轮与树龄的关系，还是烟与火的关系，其形成过程都有人的感知和逻辑思维参与。树木年轮与树龄的关系是人发现和推想得到的。在这一信息结构中，树木年轮是因，而获得的意义，即信息是果，树木年轮是客观信号。在判断树龄时，人类思维的因果结构使我们从年轮中获得树龄的信息。在文字体系内，烟和火是各自独立的概念，仅从文字概念上来看，人们不能在没有其他条件的情形下直接得到火的概念，否则，文字就失去了意义的范畴，文字系统就无法表达意义。人们经过反复观察、感知和思考，为烟与火建立了因果关系，在表达信息的文字上，因和果是两个概念，在因果逻辑下，我们通过烟这一事实的出现预知了火的信息。信息是人类为满足自身需要而对"环境变量空间"中的信号进行感知和思考的结果。

---

1. 赫伯特·西蒙. 管理行为[M]. 詹正茂, 译. 北京：机械工业出版社, 2004.

信息和知识的共同点是两者均为人类意识与理性的产物。人类主体的行为需要使人类要从环境变量空间中获取信息，获取信息是人类主体的直接目的。由于环境变量空间要素的多样性和复杂性，以及难以获得性，人类必须在环境变量空间中发现内在规律和模式，并建立与自身目的相匹配的能够实现逻辑自洽的规律或模式，进而获得符合人类价值观、匹配自身认知能力的满足行为需要的信息。我们认识世界，在环境变量空间中获取信息，最好能在混乱的、无序的变量中找到符合自身需要的特定模式信息，但这些模式信息不构成真理。牛顿的引力理论不是宇宙运行的真理，爱因斯坦的相对论也不是真理，这些已经获取的和已经被人类认知的信息，可以成为人类获取新信息的指南、条件、工具和评价尺度。在上述意义中，信息资源的概念可以作为信息和知识这两个概念的统一范畴。可以将信息资源的概念比作图灵机的架构，知识是输入及计算和存储结构，而信息是输出。

3.4　信息的主体与客体

人们对"信息"一词存在不同的理解与应用，随着移动互联网的兴起，信息不仅成为相关领域的核心词，还被不同领域的学者以各自的知识体系进行定义和解释，但从"信息"一词萌芽开始，它表达的意思就与人的意识、思维有关。最早是西塞罗（Cicero）和奥古斯丁在表述柏拉图的理念（Ideas）时使用的拉丁词语"Informare"，当时这个词语还含有"预见"（Prolepsis）的含义，多与理念、幻想、概念等有关[1]。在当前的

---

1. 彼得·阿德里安斯, 约翰·范·本瑟姆. 信息哲学[M]. 殷杰, 原志宏, 刘扬弃, 译. 北京：北京师范大学出版社, 2015.

话语体系中，从 Data 到 Information，到 Intelligence，再到 Knowledge，这几个词在汉语中都有对应词和相对明确的词义，"数据、信息、情报、知识"在应用时却难以区分。当然，使用者不必深究词义，接受者也不至于不能理解词义。这些词之间存在以人的主观参与程度使词义进阶的情形。例如，翻译成汉语后，信息和情报的词义存在交叉，有时可以相互替换。从英语词义上讲，Information 有通知、传递某种信息的意思；而 Intelligence 有辨识、区分和选择事物的意思。前者强调的是不同主体间的信息传输；后者强调的是主体从外部环境中辨识、选择有意义的信号，后者包含更多主体感知、理解和理性的意思。两者共同构成当前社会对信息一词的感受。信息是主体在感知、理解外部环境后得到的结果，这个结果经过某种形式的通信或传播机制被其他主体获得。随着社会的发展，这种情形越来越成为信息传输的主要方式。因此，我们对信息概念的界定，不能仅从词的表面意义来看，还应该考虑社会对信息一词的整体看法。这里从主观和客观两个角度进行分析。

客观信号只要被人类纳入信息获取的范围，其客观性就会被人类的主观性影响。这些信号与人类的信息行为发生关系，被人类感知、理解和处理，就成为主观的了。因此，在探讨信息问题之前，要先探讨人类的主观活动是怎样影响信息的。

1. 主观的感知、理解和推理

人类对外部世界的观感是分层次的，可以分为感知、理解和推理 3 个层次。

通过感觉器官和工具获取外部世界的信号，可以获得最直观的信息，包括对某些事物的现象或状况的了解，如在广袤无垠的沙漠中升起一缕炊烟是直接感受，这种信息也许会唤起观察者苍凉孤寂的情感或思绪，这正是大漠孤烟的实景信息或由诗歌文字带来信息的意义所在。

主观的信息需求的简单与复杂决定了信息行为的简单与复杂。如果主观上，信息主体要更加全面或深入地获得外部世界的信号，并理解这些外部环境变量带给自身的意义，信息主体就需要运用自己对事物范畴的分类思想解析或重新构建事物结构，获得关于事物及其关系的确切信息，从而全面、系统地理解事物及其关系。人类对动物、植物的分类就是基于获取对外部事物理解的需求，最初可能是基于人类狩猎过程对了解食物类型、狩猎方式、猎物分布及狩猎难易程度等信息的需求。医生诊断疾病更为典型，传统医学望闻问切，是把病人表现的症状与已经体系化的疾病机理进行对比，通过分析得出疾病信息，并把疾病同既已建立的成体系的治疗方案（或药方）相联系。现代医学已经建立了极为复杂的医学范畴，症状与病理之间的对应关系比较复杂，仅凭经验很难获得准确的疾病信息。医生只能将各种医疗器械的检测得到的比较精确的信号，与自身通过学习研究和实践积累的经验相匹配，为病人提供疾病的确切信息，做出诊断。在依靠医学范畴和概念体系进行疾病诊断方面，人工智能比靠模糊和不全面的经验做判断的人类更有优势。

　　当前，依靠概念范畴和概念结构获取信息的方式是普遍使用的方式。例如，组织机构如何在大量文件中获取某类信息？可以选择与需求最匹配的范畴，为文件定义内容、确定关系结构和概念单元，为获取有用信息创造条件。因为某个文件上载有的信息与另一个文件中载有的信息是被我们预先设定的，所以概念单元所确定的意义，以及不同概念单元之间的语义关系的确定性，使得信息主体可以根据信息目的对其中可用的信息进行选择，这种选择基于信息主体对事物信息的理解。

　　人类所面对的事物及其变化，不可能都是简单而直白的，信息主体需要调动自身的思维能力，借助自己的经验和学到的知识，对感知到的错综复杂的信号进行逻辑推理，这样才能根据观察、感知到的现象和变化轨迹，推测出现象背后的模式和规律，得到相应的有用信息，这是信息活动的常态。

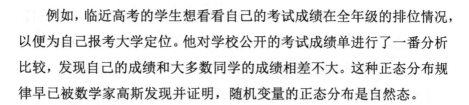

例如，临近高考的学生想看看自己的考试成绩在全年级的排位情况，以便为自己报考大学定位。他对学校公开的考试成绩单进行了一番分析比较，发现自己的成绩和大多数同学的成绩相差不大。这种正态分布规律早已被数学家高斯发现并证明，随机变量的正态分布是自然态。

人类主观活动的直接结果是获得信息而不是知识。信息主体的主观特定性决定了信息行为的结果必然是获得信息。虽然人类的思维能力是创造知识的源泉，但知识与信息不同，信息的内容具有独特性，这个独特性与信息主体的需求直接相关。信息不需要像知识一样达成共识，成为外化的被人们普遍接受的理论，但需要信息主体在主观上具备逻辑推理和认知能力。

有人将意识划分为以下 5 个层级：①无意识，即由身体对外部世界的生物电磁反应构成的意识形态；②潜意识，即生物器官的神经系统对各种感官获取的信号进行处理、积蓄和自主调控的意识形态；③下意识，即不需要使用显意识操控的意识形态；④上意识，即可以使用范畴与概念对获得的信号进行理解和使用的意识形态；⑤思想意识，即能进行逻辑推演，使用数学形式精确描述事物的意识形态。

2. 认知图式

认知图式是瑞士心理学家皮亚杰提出的认知发展理论中的概念。该理论认为，认知是个体在与环境不断作用的过程中构建的，个体的心理结构是不断变化的。图式是人们为了应对某个特定情境而产生的认知结构，包括动作图式、符号图式和运算图式。

1）动作图式

动作图式指信息主体对事物的表象有感知，并以动作拟态方式表征其信息。因为信息主体无法准确、有效地表征其所获得的信息，所以可以通过对信息对象的动作模拟来感知和体验信息的意义。心理学家皮亚杰从心智发展的角度界定动作图式，认为其是信息主体心智无法表征信息时的典型信息感知方式。采用这种信息感知方式其实是人类作为信息主体在面对复杂而无序的世界时的常态。老子在《道德经》开篇就以"道可道，非常道；名可名，非常名。"感叹世界万物信息的不可察、不可名之状。

2）符号图式

信息主体可以通过某种内设的或外设的符号感知客体，并在主观得出确切的信息。心理学家强调的是心智结构的发展，从中可以得出一个重要的信息命题：信息是可表征的信号。人类语言和文字的发展使得人类认识世界的能力获得了极大的提升，同时，语言和文字也是伴随人类认知能力的进步而逐步发展起来的。人类对外部世界的表征能力的进步体现了人类对客观世界的想象能力、抽象能力和概括能力的进步。

在德国的一家博物馆中，保存着用象牙雕刻的狮人像，大约有 4 万年了，如图 3-1 所示。这是已知的人类最早想象出并非存在之物的证明，这种信息表征能力是所有哲学理论、科学探索和艺术创新的雏形。

图 3-1　狮人像

3）运算图式

按照心理学家的观点，认知运算是信息主体为得到符合逻辑的信息所进行的内部心理活动。这种心智的成长，可能是信息主体对事物相关性的偶然发现，也可能是信息主体对事物变化的因果效应的经常性感知，包括对数学规律和规则的感知、理解和体会。根据心理学家对认知能力成长的分析，可以了解到信息主体的逻辑认知能力是在感知、体验的过程中得以发展的。换言之，如果信息主体不具备对相关事物的关联思考能力、对因果关系的推理能力、数学运算能力或解析能力，就无法获得与其社会生活相匹配的信息能力。随着现代信息技术的高速发展，人类所面对的信息环境越来越复杂，难以靠自身的认知能力对信息进行把握，于是人类对信息的获取越来越依靠不断优化的算法。

3. 信息主体的个性规定性

信息是由信息主体的信息需求引起的人类行为和结果。正是在这样的命题下，信息的个性化、特定性才成为规定性特征。不同的信息主体在获取信息时的环境变量一致性，并不会导致信息的一致性，信息是因人而异的。这正是信息这一概念的规定性。

从微观粒子层级的物质分化到宏观宇宙星系层级的物质分化，无论是在时间上还是在空间上，信息都需要保持相关性。无论是以正负电荷呈现的信息性，还是以酸根、碱基呈现的信息性，都是物质分化保持其相关性、统一性的结果。与生存环境之间的信息性同样是我们维持与外部环境之间、与其他人之间、与人类社会之间的相关性的结果。由于人类存在自我意识，所以与由其他物质构成的关系主体在信息性上有很大的区别。

人类信息主体有以下特殊性。

1）目的性

人类信息主体的自我意识是信息目的性的来源。由于存在自我意识，人类与外部事物保持相关性的信息不是完全客观的，也不是与事物之间单纯的感应，更不是对事物信号的映射，而是在行为目的支配下的相关性信息选择，是与行为目的对应的。

社会心理学家马斯洛提出的人类需求层次理论假设人类的行为受不同程度的心理需求和目的的影响。马斯洛把心理需求大致分为两种类型，共包括 5 个层次，越是无意识的心理需求，对行为的影响越短暂，因为支配行为的信号是被人体直接感受的，不需要经过人的自我意识转化和对信号的有意强化过程，只要人体所感受的信号消失，该信号对人的影响就会消失，直到信号再次出现。对于有意识的心理需求，其信息不仅由感觉器官直接感受，还由人的自我意识参与信号处理，信号会被抽象和赋予特定意义，信息具有更大的目的性和指向性，影响是连续的和长期的。

信息主体的目的既是信息形成的尺度，也是对信息主体行为的引导，还是衡量行为的尺度。这样信息主体的目的就通过信息与行为建立了一个闭环系统：目的—信息—行为—反馈—调整—评价—目的。

该闭环系统是所有管理过程的基本形态，所有管理过程都是对这一闭环系统的扩展与延伸。决策理论创建者赫伯特·西蒙基于信息封闭循环提出了他的管理体系的基础概念：决策的满意原则和有限理性思想。

2）主动性

由于人类信息主体具有自我意识，所以信息主体在信息形成过程中具有主动性，而不是被动地感应来自外部的信号。被动的信号感应只能引发信息主体的简单、被动行为模式。

主动性可以体现为在信息形成过程中主体对客体信号的选择性。这种选择性一方面是由自身价值观或认知能力的约束带来的，另一方面，信息过程是信息主体不断学习的过程。社会心理学家斯金纳的强化学习理论为信息主体和信息客体都赋予主动性，信息客体可以通过强化信息主体的某些特性来强化学习效果。其实，当信息客体针对信息主体做出强化行为时，它就成为信息主体，成为信号反馈循环的主导者。

信息主体的主动性特征，强调信息形成过程不是一次性的、受信息对象约束的被动过程。信息主体的能动性决定了信息过程是一个主动寻求反馈，并可以自主建立激励机制的过程。大脑的神经系统会在不同的神经元层次上根据自主价值体系和认知模式奖励或抑制信号，放大自主认知模型认同的信号，获得符合自身目的的信息，即信息主体的内在机制中存在强化和激励的学习机制。而信息主体在长期的信息生产过程中，会把经过检验的有效模式固化为自己的价值判断体系和认知模式。

3）个体性

信息主体产生信息的价值观和认知能力既有个人的积累，也有来自外部的思想和知识补充。如果没有共识和公理信息，那么主体是不能获得有用信息的。信息是由信息主体的特殊意图、目的引发的，是为满足信息主体的需要而形成的，因此，如果缺少与个体需要的相关性，那么信息就会失去其大部分价值。信息主体需要有丰富的知识，以及一定的推演能力，这样可以保证信息的可靠性，但不能保证信息的有用性。

如今，互联网经济高速发展，数据分析精准推送内容已成为建立有效商业模式的核心条件。抖音的商业价值核心不是有大量日活用户，而是其具有构成商业生态的用户行为数据分析算法与内容推送策略。这个算法的核心是精细捕捉观众在浏览短视频时的信息需要。虽然不了解算法的真实结构，但根据其推送的视频可以推出该算法一定对流媒体的内容有非常精细的分类和主题维度，根据对分类和主题维度的评估赋予某个局部特征一定的权重，搭建个体的信息需求轮廓，为推送信息提供指引。如果不能准确分析用户的个性化信息需求，那么推送的信息就会失去意义，难以吸引用户。在这种情况下，即使有公司买走了所有的用户，其商业生态也会快速崩塌。

信息主体的个体性特征，意味着信息的内容是个性化的，而不是已经形成普遍共识的。如果用熵衡量，信息相对信息资源就是高熵的。信息资源是信息的来源，是人们已经认识到的规律、公理、知识、模式及逻辑推理体系，是低熵的、有序的。因为信息资源是低熵的，所以会产生个体性较强的高熵信息。只有打破原有规律、原有模式、原有秩序，信息才能具有更高价值。信息的作用类似"麦克斯韦妖"，其可以阻碍熵增。

信息的个体性特征可以阐明社会组织的信息生命周期进程。每个社会组织都有各自的社会职责，是社会分工体系的组成部分。社会分工赋予一个社会组织特定的个体性特征，包括其社会活动范围、工作职责等，人们一般称之为"职能化"。职能化信息是个性化信息，当具有职能特征的信息进入生命周期的不同阶段时，需要使用共识性知识对其进行不同程度的分类和概念定义，可以称之为"去职能化"。例如，政府信息共享，需要对来自不同政府机构的信息"去职能化"，使之成为全体政府机构或整个社会可用的信息。信息的"去职能化"，本质上就是去除职能信息的个性化特征。

要进行政府间的数据交换，需要通过数据分类和数据概念化，来建立具有一致性的数据意义，使得各机构在生成信息时能获得意义确切和意义与形式一致的数据源，数据交换中的一致化处理如图3-2所示。

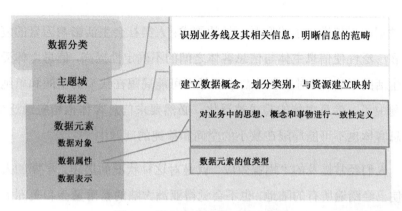

图 3-2　数据交换中的一致化处理

4. 信息客体的属性

信息是信息主体与信息客体的关系属性，因为信息主体在这一关系中占主动地位，所以从某种意义上讲，信息是信息主体对信息客体编码的结果。例如，可以将某种物质的变化抽象为数学公式。那么，如何界定信息客体的范畴及实在性呢？

1）信息客体与信息主体的对应性

当人类处在狩猎生存阶段时，活动范围有限，狩猎场就是信息客体，信息客体具有自然属性，信息主体主要从具有自然属性的客观世界中直接获取信息。随着信息主体的不断进化，社会化趋势不断形成，人类拥有的信息量不断增大，使得主要从自然的信息客体中获取信息的方式变为更多地从具有社会性的信息客体中获取信息的方式。从具有社会性的信息客体处获取信息的效率更高。

间接从信息客体处获取的信息的增多，并不意味着直接从信息客体处获取的信息的减少。当前我们以更大规模直接从自然的信息客体处获取信息，采用越来越先进的设备从自然界中获取数据，如天文观测、气象观测、地球地质观测、自然资源勘测等，以及有意识地在社会中进行数据采集，如城市管理数据采集、宏观经济活动数据采集等。大规模自然数据的采集满足了我们对信息的需求；人类社会生活影响因素的复杂性和广泛性使信息主体与信息客体之间的不确定性提高，信息主体受社会生活的影响，其对信息的需求已经不可能局限在狭窄的空间和单纯的问题中了，信息主体的需求被泛化，必然要求信息客体也相应地泛化，信息客体也不可能局限在狭小的空间和单纯的问题中了。

人们经常提及的"蝴蝶效应"就是对这种状况的描述。早期的人类即使已经踏遍所有的陆地，也不会觉得亚洲大陆的暴雨量会和美洲大陆的山火发生量有关，信息主体根本就不会把对影响因素的思考转到美洲大陆，并将过往 30 年美国加州山火的数据与亚洲东部同期的暴雨量进行对比，从而找出相关规律。但是如果信息主体在当前的信息客体中无法发现确定的相关因素，可能就会借助先进的观察工具把视野转到可能相关的信息客体上。

信息主体间接地从社会性的信息客体处取得信息，包括信息主体直接从自然界获得的数据，以及人们长期积累的信息、知识和智慧。从信息记录的角度来看，这些社会性的信息客体，对信息主体表现为时序变量性。信息主体可以按照自身的需要使用不同标度的时间轴将信息客体关联起来，以获得某种时序上的确定性。从信息对事物的结构或要素映射角度来看，信息客体对信息主体表现为空间变量性，不同的要素可以具有事物的属性，也可以与其他要素具有关联性。"大数据"就是传统的粗略式、概要式信息客体描述的精细化。随着对信息客体的观察测量能力的提升，信息主体极大地缩窄了对信息客体的观测尺度，力求缩小信息客体的变量空间，提高信息客体的信息确定性。

信息客体是随信息主体的需求变化的，在这个意义上，可以把信息客体视为环境变量空间，无论是从自然界获取直接信息，还是获取社会性的间接信息，这个变量空间都与信息主体的目的相对应。这个变量空间的对应性规定了信息资源管理的基本任务：按照信息主体的需求获取必要的信息。传统的方式以先验式为主，而在人工智能阶段，主要采用机器学习等后验式方式。

　　信息客体与信息主体的对应性在社会科学中最典型的应用是赫伯特·西蒙提出的决策理论。人类在做决策时，本能地要获取与决策目的相关的所有信息，但是决策主体的目的往往是复杂的，这会增强信息主体与信息客体的关系的动态性和不确定性。从信息客体处提取的数据需要动态地匹配决策目的，对其进行的有用性评价会充满不确定性，甚至适用于某个价值层级的环境变量空间及其可行性模型都有失效的可能。因为在不同的决策目的下，需要有不同的环境变量空间和适用的算法框架。有人认为，在大数据时代，可以对外部事物进行更全面和更细致的刻画，从而使人类由进行有限理性决策变为进行近理性决策。这其实是不符合实际的，信息主体和信息客体关系的动态性和不确定性是两者的内在困境，信息主体对信息客体的需求是动态变化的，动态性和不确定性具有内在不可弥合性。

　　沃尔玛是传统数据应用的典范，依靠其出色的数据管理能力在互联网和电子商务前时代迅速崛起。沃尔玛整合客户数据和货品数据，建立了高效的物流配送体系、成本控制体系和商品管理体系，极大地降低了商品成本，提高了运营效率。沃尔玛对庞大的环境变量空间中的存量数据建立了丰富的应用结构，形成了与商品供应链、销售态势和成本相关的统计结果，强有力地支撑起庞大而高效的商业运作体系。在互联网前时代，沃尔玛对信息客体的整体构建可谓强大而圆满，但在互联网时代，沃尔玛的数据体系就不能适应信息主体对信息客体的高度离散和动态的需求了。

　　互联网前时代的沃尔玛体系只有经过深刻的互联网体系的改造，才能适应当今大数据背景下的企业数据体系。传统的企业数据体系是以信息客体为主要工作对象的，即在信息客体端积累大量数据并进行结构化处理，根据结构化特征优化环境变量空间，以适应信息主体离散的信息需求。这种数据模式显然不能为企业带来更大的信息驱动力，这也正是沃尔玛要努力同抖音合作的原因。抖音真正有价值之处是它从信息主体端对离散的信息需求建立结构，从而优化环境变量空间，进而建立商品物流体系。这是沃尔玛原有的数据体系所不具备的。从信息主体端入手建立客户信息需求结构，而后优化信息客体端的环境变量空间，这是当今流媒体企业占据市场上风口的基本逻辑。

信息客体与信息主体的对应性问题已成为互联网时代需要治理的重大问题。你是否被形形色色的商业机构骚扰过？你是否担心自己的隐私被各类 App 使用却又无可奈何？回答是肯定的。如果在某个 App 或商店中有过购买行为，即使是仅浏览过某个商品，当登录另一个 App 时，时不时会有相关商品推送。显然，信息客体的信息需求被作为商品售卖了，这种售卖未经本人同意，这个交易为什么值钱？关键就是其在信息客体和信息主体间建立了比较确定的对应关系，这个关系就是最重要的信息关系。信息主体与信息客体对应关系的权益应该是信息主体的重要权益。在互联网时代到来之前，这个关系是离散的、高度随机的，有时甚至连信息主体自己都不清楚，所以当时的权益问题并不突出。如今，这个问题却是信息治理的核心问题。

2）信息客体的特性问题

发现信息客体的结构或模式，或者根据信息主体的需求为信息客体建立与信息主体对应的结构和模式，是满足信息主体需求的基本途径，也是信息资源活动的基本内容。其中有以下几个问题需要探讨。

（1）认识事物的一个基本方式是将完整的事物属性解析出来，并建立完整的结构，无论是概念结构还是数学结构，都要在整体上满足信息主体的需求，这样才能保证信息的理性价值。在现实中这几乎是不可能的，也是不经济的。这是信息主体对信息客体的充分性要求。

当代信息技术为我们追求信息客体的充分性提供了条件，如大数据技术。信息主体充分性需求的增长，既为人类获取服务于自身决策的充分信息提供了源源不断的动力，也为信息客体实现充分性带来了内在困难，信息客体中要素的可表达性和表达的一致性困难增大。经典手段采用的是赋予概念定义、规定标准的符号和建立确定的概念关系结构的信息逻辑，在大数据背景下可能因信息客体无法适应信息主体的动态变化而失效。例如，机器翻译依赖概念之间的逻辑结构设定，无法实现比较准确和流畅的语言翻译；知识图谱的形成需要构建数量极其庞大的三元组，以表达概念和满足获取信息的需求，带来的后果是需要建立极为复杂的概念网络，信息客体构成的环境变量空间十分庞大，其使信息主体的信息需求灵活性受到极大的限制，以其作为概念背景的意义大于直接获取信息的意义。

1986 年 1 月 27 日，美国"挑战者"号航天飞机在空中爆炸解体，事后调查发现事故是由一个垫圈出现问题引起的。对于航天飞机这种复杂的系统工程，设计、制造都是严格把关的，也有非常细致的模拟训练方案。负责分包橡胶材料的莫顿聚硫橡胶公司的工程师提出了在低温环境下航天飞机的发射可能会有危险。因为在之前的 24 次航天飞机发射中，出现过 7 次"O"形垫圈故障，他们认为，之前那 7 次"O"形垫圈故障，在很大程度上与低温有关，但这个建议被美国国家航空航天局否决了。

对于这个建议的判断，要求环境变量空间的数据结构有完整性。"O"形垫圈的质量问题不仅需要全面完整的材料、制造工艺数据，仅就垫圈故障是否与户外气温有关，就必须同时掌握问题出现的 7 次气温数据与未出现故障的 17 次气温数据。但是莫顿聚硫橡胶公司为支持他们的观点，只提供了 7 次事故当日的气温数据，而这些数据呈现区间分布状态，某几次的气温在 0℃左右，让人感觉气温不算太低，就是这样不完整的数据结构，导致了"挑战者"号航天飞机在发射时出现问题。

在机器学习和大数据盛行的时代，在信息主体和信息客体的关系模式中，由于算法模型使信息主体具有强自主性和学习能力，所以信息客体的环境变量空间需要不断地扩充，对信息对象的轮廓描述，由个体全貌刻画向"交叠式"的轮廓刻画转变，即对于个体的行为模式而言，如果关于该个体的变量较少，就无法形成对对象模式的全方位描述，这时就需要借助全体数据集来识别和判定对象模式。因此，需要对模式进行分类，把个体纳入某个特征集中，但这仍然不能解决问题。特征分类或聚类仍属于粗略的经典信息处理方式，其以少数特征指代全体，经典信息处理的目的是检索某个对象，而在大数据时代，我们的目的不是检索，而是定位信息主体的信息需求和需求的总体特征，这个区别是非常大的。

（2）客观事物的属性是事物分化的结果，事物之间可能存在属性相关性，其实相关性本身就是事物的一个属性。事物的相关性会以不同的模式体现出来。例如，镜像关系，即一个事物被投射在两个变量空间，形成对照；互补关系，即一个事物拆分为两个及以上的部分，它们在属性上互补。事物的各项属性及其关系不是静态的，而是动态的，且属性的分化发展不均衡，因此信息客体可能呈现不同的属性，如构成因素的结构、影响和作用强度、要素的时序关系、发生频率等。这些复杂的属性足以影响信息主体对信息客体内在关系模式的识别和认知。

例如，期刊影响因子为一定时期内期刊论文被引次数与同期论文总数之比。人们可以从期刊影响因子中获得什么信息？是期刊的学术水平，还是期刊对信息主体的有用性？这取决于信息主体对"论文被引次数"这一信息客体的价值判定。关于期刊影响因子有效性的研究有很多，这些研究都表明其中的影响因素是很复杂的。

因此，要获得有用信息，对于信息主体而言，识别、认知信息客体中的模式十分重要。依靠信息主体的简单直觉判断、个人的认知能力，不是不可以，而是不够充分。特别是在大数据背景下，信息获取除了需要借助外部已有的认知模式，还需要筛选、评估事物属性，需要做大量的数据处理工作，进而通过构建逻辑模型和整合数据，以逻辑推理的方式发现事物的关系模式，甚至需要通过科学研究建立一般的信息认知模式。这些活动就是基于信息资源的活动。因此，对于信息获取而言，信息资源活动是必要的。

（3）人工智能的发展对信息客体提出了较高要求，以适应信息主体模糊的、动态的、随机的信息需求。人工智能需要在信息主体与信息客体互动的过程中不断进化。

①数据的充足性：需要根据特定信息主体的一般性需求，构建环境变量空间，不仅要求适配的数据量大，为满足信息主体的全项属性要求，人工智能还需要允许数据多样性的存在，这样才能通过属性的交叠效应实现对个体的精准刻画。这是语音识别系统、视觉识别系统等机器学习系统能够成熟的基础，因为这些系统需要将大量样本作为训练素材，以使信息主体通过属性交叠效应满足对特定个体的精准刻画。属性交叠效应如图 3-3 所示。

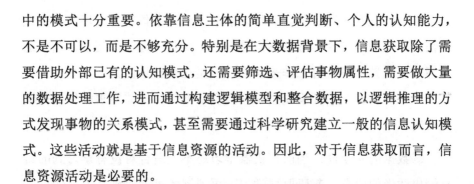

图 3-3　属性交叠效应

②数据的确定性：信息主体对环境变量空间的数据有确定性要求，因为随机信息无法满足信息主体行为的确定性，这是信息主体的天然规定性。数据符号形式要有一致性、规定性，这样才能保证数据符号所表达的数据意义的排他性，由这些数据要素构成的数据概念网络指向的信

息结果不能是完全随机的，这样才能满足信息主体对特定环境变量空间信息需求的确定性。数据确定性对数据质量管理提出要求，需要通过标准化及数据清洗等工作来实现。但是在数据量巨大、数据碎片化的背景下，使特定的环境变量空间具有适配信息主体需求的结构是比较难的。

③数据的完全性：当前，机器学习还不太适合对没有学习到的素材给出适当的信息，起码要再学习、再训练才可能达到目的。例如，自动驾驶必须让样车在各种路况、各种车流量和各种气候条件下进行长期训练，即使完成了长期训练，也不意味着自动驾驶系统具有了最优驾驶能力，它只是合格而已。因为系统的训练过程是按照一般信息主体的共性要求进行训练的，其数据不完全。环境变量空间是随着信息主体的信息需求变化的，信息主体一旦指向特定的人，其环境变量空间就会与自动驾驶厂商做训练时的环境变量空间有区别。例如，在交通规则允许的条件下，驾驶员超不超车与其性格有关，甚至还与驾驶员当时的心情有关。

3）信息客体的自组织性

自组织是一个不能完全确定的概念，学术界在自组织和他组织的概念内涵上还存在颇多争论。

对这两个概念的一般理解如下：如果一个系统靠外部指令形成组织，就是他组织；如果不存在外部指令，系统按照相互默认的某种规则，各尽其责而又协调地自动形成有序结构，就是自组织。对于这样的解释，有学者提出了反对意见，认为现实世界不存在没有任何他组织因素的系统，也不存在没有任何自组织因素的系统[1]。本书的目的不是探讨自组织概念和他组织概念的内涵，而是了解信息客体的某些特性。

---

1. 苗东升. 复杂性科学研究[M]. 北京：中国书籍出版社，2013.

无论是自组织还是他组织，都要将其放在认识论的范畴中定义，这样其概念才有意义。熵增定律是自然存在的普适规律，根据这一定律，任何系统的自组织都是在对抗熵增，系统不可能不吸收系统外部能量以使自身变得有序，因此可以将自组织系统结构视为耗散结构。如果否认系统自组织的意义，那么世界上就没有生命存在了。在今天的科技条件下，我们已经发现包括 DNA 在内的很多自组织形态的精巧远超人类的想象。自组织是一个系统的结构、机制，它把外部能量或信息转化为驱动自身成长、演变的自然能力。既然自组织是一种自然能力，为什么它属于认识论范畴呢？因为我们所说的自组织其实都是人对信息客体的认知、抽象和概括。下面以电视的 3 种画面（随机噪声、森林画面、测试图像）为例进行说明。

（1）随机噪声：具有高度复杂性。有专家指出，出现在电视屏幕上的混乱的噪声点可能来自数亿万年前的宇宙深处。作为一个信息客体，它提供的环境变量空间中包含无数信息，但因为该空间中的所有要素是完全随机的，所以无法概括和描述其任何结构，即我们无法发现任意噪声与其他噪声相关，它具有高熵。

（2）森林画面：具有高度复杂性，可以发现相同品种或相似形状的树，以及相同形状、相同颜色的树叶，其中包含了结构。可以将这个环境变量空间看作一个具有自组织性的系统，系统中的要素从环境中摄取了能量，创造出某种有序形式。信息主体可以对森林画面中的结构进行抽象、概括，用符号表达，如 3 棵桦树、5 棵柏树、2 棵一样粗的桦树等。这是典型的自组织系统，也是被信息主体赋予符号的自组织系统，因为可以用符号体系概括这个自组织系统的某些结构，所以也可以对其进行压缩。

（3）测试图像：现在很难在电视上看到测试图像了，它是电视台在停止播出后播放的一种用于调整播放器的具有多种规则的由几何形状组成的画面。如果作为环境变量空间，其符号表达的意义的确定性较高，自组织程度较高，包含的信息较少，信息熵较低。

信息客体的自组织性是普遍存在的，它为信息主体的环境变量空间提供了认识的基本构型，可以让信息主体发现、定义和描述其结构和要素关系，探索事物的本质和有序性，从而获取有用信息。例如，人类利用显微镜发现细胞内部存在精密结构，对人类进一步发现 DNA，并描述、认知和定义其内部构成及其自组织机制具有重要作用。

例如，以太阳系为环境变量空间，从这一空间中可以获得太阳从东方升起，太阳升起后白昼到来；太阳从西方落下，太阳落下后黑夜到来等信息。这是很片面很局部的太阳系信息，顶多算对太阳和地球关系的直观感受，人们按照自身的直觉开始揣测太阳和地球及能观测到的与地球、太阳的运转有关的星球之间的关系，并描述它们的自组织形式，于是有了地心说、日心说等，后来人类通过进一步的理性思考和推断，提出了用开普勒定律对太阳系结构的描述体系。开普勒定律用 3 个定律——椭圆定律、面积定律和调和定律对太阳系进行了更精确的数学描述，太阳和各行星的关系不再是自组织描述的粗略的关系模型，而是经过数学论证的确定性关系模型，基本要素的关系十分明确且结构性很强。例如，通过椭圆定律，我们知道两个信息：一是行星绕太阳的轨道都是椭圆的；二是太阳在椭圆的焦点上。

并不是说系统的自组织都是粗糙的和不确定的，这里所使用的自组织概念是以信息客体为语义背景的。自组织的结构性强弱取决于我们对作为信息客体的物质对象的描述和定义程度，信息主体的信息需求不是以探求真理为目的的，我们将把物质对象纳入环境变量空间范畴，描述和概括其直观特征和要素关系就可能达到信息目的。现实中，还有成本、能力、时机等各种现实条件的制约，不允许我们构建理想的结构模型。从日心说的提出到开普勒定律的提出经过了很多年。

在大数据和机器学习不断发展的背景下，要获得具有高度结构性的信息客体，可能需要完成大量的建模、算法设计和样本训练工作，这会极大地降低社会各领域决策者的决策成本，提高决策精度；同时，也会使决策者对信息客体的通用模型产生依赖，只关注正态分布的大概率区间，会动摇信息主体作为决策主体的自主性，从而被通行信息影响决策。

第 4 章

意识活动与信息

　　研究表明，人类的意识活动就是获取信息的活动。在人的大脑中，存在无意识的活动和有意识的活动。无意识的活动并非没有大脑行为，只是人类没有显性的意识而已。要探讨信息行为，就要对有意识与无意识的大脑活动机理有所认识。

4.1　神经网络机制与意识

　　20世纪以来，科学家逐渐揭开了脑科学和意识科学神秘的面纱，当然这离不开对大脑的科学探索和大量的实验观察。20世纪初期，拉蒙·卡哈尔创立了神经元假说，人类对大脑的结构与运作机制有了越来越多的发现，进而可以让人类对由大脑产生的意识进行实验与观察，产生了若干种意识理论。

　　把意识这种哲学探讨变为实验性的可检验的科学探讨，主要有3个方面的因素在起作用：对意识更精确的定义、可以对意识进行实验操作、

重新重视对主观现象的研究[1]。

意识历来是在哲学上探讨的概念，是与物质相对的概念。笛卡儿的著名论断"我思故我在"强调了意识独立于外部世界的自在性。但如果依照笛卡儿的论断，把意识引入科学范畴，就遇到了问题：意识只能自证。笛卡儿的哲学论断，反映了人们对意识这一概念的一般认知，一直以来意识概念处在形而上的位置，缥缈不实、界限不清，不像物质对象，可以阐述其结构和运作机制。因此，意识一直没有被纳入科学的范畴。认知心理学之父乔治·米勒曾因意识的非科学性无法驾驭而提出要禁止意识概念出现在其研究体系中，他指出意识是一个被千百张嘴说烂的话题……也许我们应该禁止这个话题 10 年、20 年，直到我们能够对那些被"意识"所模糊的不同用法提出更准确的术语[2]。

通过解剖学和生物实验，人们逐渐发现了大脑的内部结构，并观察到了人类器官接收信号在大脑中引起的反应，这些反应是脑中的特定机制对信号的处理。人类一方面在揭示脑神经系统的网络结构，另一方面在重新认识和定义意识这一特殊事物。

大脑是一个极其复杂的神经系统，其由数十亿个网状连接的细胞组成，基本单位是神经元。神经网络的工作机制如下：神经元将树突作为传递信号的载体，突触用于接收、发送信号，每个突触短暂地增大或减小膜的导电系数，由此产生的脑电活动通过在树突和细胞体内以膜为边界被转译为全有或全无的脉冲——尖峰信号，其中每个脉冲的振幅约为1/10V，持续时间不到千分之一秒，这些脉冲沿着轴突传输信号。神经元通过突触与其他神经元对话，信号在神经元内和神经元之间经过调试、拟合与交互，在巨大的神经网络的加持下，产生了意识。大脑处理信息的结构是网络结构，这个网络结构以神经元为基本节点，在每个节点内，

---

1. 斯坦尼斯拉斯·迪昂. 脑与意识[M]. 章熠, 译. 杭州：浙江教育出版社, 2018.

1. 斯坦尼斯拉斯·迪昂. 脑与意识[M]. 章熠, 译. 杭州：浙江教育出版社, 2018.

树突、轴突等功能结构构成接收、处理和输出信息的功能网络。对大脑信息处理结构的模拟已经成为最为重要的人工智能模式。

神经元之间的信号传输速度不是很快，其强大之处在于大规模的并行通信与计算能力。人的大脑的神经系统有 800 亿～860 亿个神经元，有 800 万亿～1000 万亿个突触参与这个庞大的神经元联合体的运作。信号经过无比复杂的并行计算和传输处理，在自主编码的逻辑程序的控制下，处理并输出信息，进而升华为意识。

意识究竟是如何形成的？在意识科学领域至今并没有形成完美的科学结论。生物电对神经元的激活与抑制，是如何跨越物质态，进入意识态的？莱布尼茨对此充满疑问，他指出"人们必须承认，知觉及依附于它的东西无法借助机械（图形和运动）来解释。假如我们制造一台能够思考、感受，具有知觉的机器，可以想象一下，将这台机器按比例放大，大到我们能够进入其内部。以此为前提，当我们参观它时，所发现的不过是相互推挤的机器部件，但绝不会发现任何能够解释知觉的东西[1]。"

意识科学家从主观状态的底层开始探讨，并提出了感受质（Qualia）的概念。火红的日落、血色等都是信息主体对外部变化的感受，这个主观状态就是"红"。感受质是原生的感受，是构成意识的元素。问题是，颜色只是特定波长的电磁波，它被人类视觉系统转译为特定的颜色，表达了人类对某种自然属性的感受，而这种感受被赋予特定的意义，成为意识的元素。例如，将波长较长的红色和血液联系起来，赋予其热烈的感受；将波长较短的蓝色和天色联系起来，赋予其疏朗开阔的感受，感受的意义如图 4-1 所示。

1. 克里斯托弗·科赫. 意识与脑：一个还原论者的浪漫自白[M]. 李恒威, 安晖, 译. 北京：机械工业出版社, 2015.

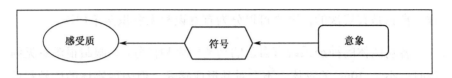

图 4-1　感受的意义

　　感受质是物质的一个基本特征，自然的演化、分化过程使得分化体之间存在相互联系、相互感受的客观和必然要求。但是，如果不同感受之间不需要更多的感应，是否还有产生意识的可能？例如，一个正电荷和一个负电荷只需要感受到对方的最基本存在属性就可以完成结合与分离，结合后其原本属性就被中和了，也不需要其他感应了。由此判断，生物个体存在需要的属性与其存在的需要相关，选择的多样性和属性信息的多样性，成为意识产生的必要条件。意识的产生出于特定个体对其生存环境中存在的多种事物及其属性信息相关性的感受需要，人的大脑之所以把绿色属性处理为绿色、红色属性处理为红色，是出于对自身存在环境相关因素区别和适应的需要，神经网络集合把特定的物质属性与某种特定意象相关联，再由内在逻辑赋予其概括性符号，存储在神经系统内部，构成与自我存在属性相对应的信息集合，两者的相关性就成为意识体。只有在形成了主客体区别的相对事物之间，主体为了在大量的对象中做出选择，才会为不同对象赋予不同意义，而后才能做出合适的选择，这就需要生物建立中枢神经系统，存储和处理大量的可选择信息，人的大脑就成为产生意识的物质基础。如果上述对意识形成的推测成立，那么意识就是大脑在通过感受质接收并处理电信号，并赋予其特定意义和把信号转变为信息时产生的。

　　包括人在内的生物与外部世界的关系极为复杂，不同的功能器官和功能系统共同维持生物的生存的，不同的功能系统都有复杂的信息处理机制，但并不是所有的功能系统都需要把信息交给中枢神经系统处理。大多数信号不需要经常调用意识表层，像计算机体系的数据分层结构一样。意识是有层次的，至少可以分为有意识和无意识两个层次。

各功能体的神经系统有自己的功能约束和任务，如眼睛很难看见闪现时间小于 30μs 的物体，不会对其形成感受，但闪现物体的信号却可以被视觉神经系统接收，形成阈下意识。这种阈下意识是一种潜意识，它可以对生物的神经系统产生影响，但不会把信息提交到中枢神经系统，使其成为显意识。这是生物在长期生存中的自然选择结果。更高的视觉强度对于维持人类的生存来说并不必要，而且一定会造成更大的能量消耗。人的肠道神经系统约有 1 亿个神经元，平常都是悄无声息地进行着营养吸收和清理废物的指挥和控制工作，一般不会让人们感觉到它们的运行，只有在出现它们不能应对的局面时，才会把信息提交给大脑，使人们产生不舒服的感觉。

在日常生活中，很多行为是发生在意识之外的，或者说是潜意识行为，如熟练骑自行车、在键盘上打字、打乒乓球等，这些行为在学习技能时需要意识，而熟练后往往就不需要上升到意识层面了。从行为的表层分析，上述行为往往是程式化的，不需要有意识监管就能自动执行。也就是说，功能系统只有在意外的情形下才会向中枢神经系统提交意外信息。根据这些运作机制可以推测，大脑的显意识一般不需要有过大的意识容量（有人喜欢套用计算机语言，称之为意识带宽）。大量的信息是存放在潜意识区域的，就像海上冰山的水下主体部分，当我们需要进行理性思考和比较抽象的逻辑思维活动时，就需要对意识进行抽取，意识活动越复杂、越违背感官直觉，就越抽象活动，越难以调动，需要消耗巨大的能量，同时这种调动也是不可控的。因此，人的大脑比较适合进行直观的、重复的、清晰的信息处理，而不适合进行隐性关联的、偶发的、离散的信息处理。

脑科学家在了解神经网络中的神经元机制后，通过大量的实验进一步探索了脑神经局部区域的不同功能和协同运作机制，对神经系统如何处理信息和产生意识有了一定的认知。在通过实验及解剖研究对形成意识的生理机制有了初步认识后，科学家开始重新认识意识这一概念，并从不同的角度对意识进行了更为精确的定义。有人对意识做了以下描述：意识是全脑皮质内部的信息传递，即意识是在神经网络中产生的，而神经网络存在的原因就是脑中有大量分享相关信息的活动[1]。

从这个定义中可以得出两个关键点：意识的器质基础是神经网络；产生意识的条件是神经网络的信息传递。第一点是对脑科学实验证实的神经系统的运作机制的概括，第二点强调的是信息在网络之间传递是产生意识的条件，在每个神经系统的网络中，都有大量突触参与过滤、分发和传递电脉冲信号，最终海量的突触节点处理的电脉冲信号汇聚起来，"涌现"出意识。定义中所用的"信息"一词，严格来讲应为"信号"，因为如果形成了信息，意识也就形成了。意识是信息的内涵，信息是意识的形式。在神经网络中流转的应该是电脉冲信号，电脉冲信号以某种频谱在神经网络的特定区域聚集，得到的才是信息。

《脑与意识》一书的作者斯坦尼斯拉斯·迪昂将意识活动作为一个系统并将信息转换意识的状态划分为 3 个概念：警觉——觉醒的状态，在清醒和睡眠中发生；注意——将大脑的资源集中在特定的信息上；意识通达——一些受到关注的信息会最终进入意识，并且可以向他人传达。斯坦尼斯拉斯·迪昂认为，警觉、注意是引发意识的条件，但不是充分条件；真正可以算作意识的是意识通达[2]。

意识通达是将输入信息和自我的感觉融合，通过一个中心视角来观察周围环境，感受和体验外部对象与"我"的关系，并把"我"与外部信息融合。因此，意识具有递归性，"我"可以审视自己，评价自己的表现，甚至意识到自己不知道某些东西。现在这些意识的现象也可以通过

1. 斯坦尼斯拉斯·迪昂. 脑与意识[M]. 章熠, 译. 杭州：浙江教育出版社, 2018.
1. 斯坦尼斯拉斯·迪昂. 脑与意识[M]. 章熠, 译. 杭州：浙江教育出版社, 2018.

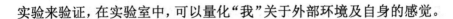

实验来验证，在实验室中，可以量化"我"关于外部环境及自身的感觉。

那么，"我"的意识是什么？"我"的意识是人的感官在外部信号输入与输出的长期过程中，由大脑的神经网络形成的信息体验和感觉，以及对感官、感觉边界内在的自我强化体验。

有了"我"的概念，所有外部信号的输入才有了信息意义，意识才会有主体和边界，因此意识通达是定义意识概念的内核。

4.2　意识的结构

探讨意识问题的目的之一是了解意识中的信息机制。认知心理学家已经很清楚地将意识分为外显意识和内隐意识（无意识）。同时，有证据表明，虽然我们对客观世界进行感知并产生信息的过程有意识的参与，但是大部分感知是无意识感知。

1. 意识与无意识

意识的内容包括当前感知的世界、内部语言和视觉意象；自身的快乐、痛苦和幸福的感觉；自传体记忆；当前清楚的意图、期望；关于自己或世界的明确信念；抽象的概念。我们的感觉系统会进行很多无意识活动，有证据表明，我们有自发的内隐意识流，它持续与知觉世界竞争，而做出的选择使我们有了外显意识，从而使我们能意识到并报告情景、声音和感觉[1]。

---

1. 伯纳德·巴斯, 等. 认知、大脑和意识——认知神经科学引论[M]. 王兆新, 等译. 上海：上海人民出版社, 2015.

意识和无意识与"注意"这种大脑活动相关，注意是带来外显意识的前提条件。注意意味着大脑聚焦在某些对象上，对信息做出选择。意识活动是指我们能准确地报告事件。注意可以被定义为认知目的选择信息的能力，注意可以受情绪、动机和显著性的调节，部分受到执行功能的控制。

每时每刻都在进行的意识和无意识活动，使我们积累了对世界的认知经验，甚至在人类漫长的进化过程中被塑造成本能模式。灵活、随意的信息控制，可能不需要过于集中注意，长期的生存进程使人类的意识行为得到训练，让人类有能力解决意外情况或紧急情况。这种灵活、随机的信息控制的长期化过程会形成选择的价值标准模式化，以及选择的方式、流程的模式化，这应该是人类认知行为的本能，因为注意的习惯化、自动化是低熵原则的客观要求，这为构建人类的世界观和价值观奠定了意识行为基础。但是，注意的习惯化、自动化会带来改变的困难，意味着人的意识行为会忽略新的有价值信息，从而不能适应新的环境，因而，就需要有刺激驱动，改变注意的点。经常的刺激驱动使得意识系统保持一定的弹性和灵活性，最终保证我们能够重新认知新的信息和调整对信息价值的判断。

我们对不同类型的人的一般认知可以支持上述判断。经历丰富的人似乎更容易转变自己的观点，接受新观点；初入行的人会有更多的新见解；一个有多年经验的专业人员，会对既有的系统有更多的坚持。

2. 记忆与学习

记忆在认知心理学中被定义为反映想法、经验或行为的一种持续性表征，而学习就是获取这种表征的过程。

人类为了生存，必须能够保留短暂的意识，否则人类在面对外部环境时所获得的信息就是高度不确定的，因此人的大脑必须具有记忆功能。

当前，人类的意识活动多以语言和文字符号为工具，人们习惯将事物归纳为某些概念符号，并把大量的信息存储起来；信息的精确提取也是以概念符号为中介来完成的。从人类生存需要的角度来看，这种利用概念符号实现学习、记忆的方式是通过训练得到的，目的是避免只有短暂的意识带来的环境信息的高度不确定性。在能够持续的意识中可以建立事物的关系模式，形成突发事件与应对策略之间稳定的因果关系，以避免环境信息的高度不确定性，应对环境提出的复杂的、全新的挑战，游刃有余地处理环境信息。

信息的存储涉及大脑皮层不同区域的突触变化，神经元之间的关联活动，无论是兴奋性的还是抑制性的，都会强化突触连接。一些专家认为，瞬时的细胞集体放电可以维持短期记忆，而长期记忆的实现需要长期强化突触连接。研究表明，大脑皮层的大部分是新皮层，它是哺乳动物经过一亿多年的进化，由旧皮层发展而来的，新皮层通过改变几十亿个神经元之间的联系来编码长期记忆。海马体负责整合来自新皮层的认知信息和来自边缘系统的情绪信息，并将这些信息组合，形成记忆痕迹，这些记忆痕迹编码了有意识参与的事件。

长期记忆使人类的认知行为具有确定性的客观需求。长期记忆通过无数次的意识行为建立的突触联系在神经网络中的沉淀，特别是在处理信息过程中通过有意识的学习建立的特定关系模式的沉淀，为人类处理事件提供了高效的模式。同时，长期记忆的建立，必然包括意识主体对外部世界的认识逻辑的积累和整合，所积累的结构和经历被编码到意识主体的记忆深处，最终形成世界观和价值观，在处理外部信息和做出决策时会发挥决定性作用。

3. 外显式思维和内隐式思维

在认知理论中，有比较明确的目标的思维被称为外显式思维。外显式思维需要先将目的、愿望和行为方式等意识内容提炼、整合为显性意识，使意识深处的世界观、价值观表面化、具体化。外显式思维在面对外部世界的问题时会有较高的可控性，其信息处理方式也是表面化的，即需要不断将输入的新信息与预期目标进行比较，并对信息进行筛选、重组。外显式思维一般需要有更大的心理负荷、更频繁地进行信息存取和有更大区域的大脑皮层参与。

外显式思维需要预先提取和设置目标，需要频繁地进行信息存取和判断，因此会引出工作记忆的概念。工作记忆指将有限的信息维持在暂时易于存取的状态的过程。这与计算机的内存类似，在思考时需要将注意力放在当前最重要的事上。例如，为了阅读文学作品，可能需要将字词、概念、语法和某些预设的场景、情绪维持在瞬时记忆中。有时可能会使人处于沉浸的状态，暂时忽略其他事物的存在。但是，工作记忆是以长期记忆为基础的，它会在与长期记忆的交互中形成与主体特征相符的思维结果，并不断强化这种特征。

没有明确目标的思维被称为内隐式思维。内隐式思维不需要使意识深处的世界观、价值观暂时表面化、具体化，其直接利用已经实现了内在程序化的意识解决问题。因为内隐式思维依赖的是意识的习惯性，所以一般不需要由大量意识控制、不需要频繁地进行意识存取，大脑皮层的参与区域也较小。学习过程是将外显式思维转化为内隐式思维的过程，形成比较稳定的意识联结方式。化繁为简、消除不确定性是大脑进化的结果，因此，低熵原则在思维运行领域同样具有根本性影响。

4. 信息的神经网络特征

我们的世界观和价值观一定是存在于大脑中的稳定的概念网络。那么，概念、信息和知识在大脑中的存在形式是什么？对人类处理信息的方式有什么影响？

在大脑中长期存储信息和知识，实际上是通过突触以确定的方式连接和进行编码来实现的。信息的积累和知识的储备与我们不断的学习具有器质上的相关性：通过对大脑的观察发现，练习和训练可以改变突触的连接度。有研究者在实验中发现，出租车驾驶员的海马体后部较大，这与海马体在空间处理中的作用相符。在一些研究中也会观察到类似的结果：相关脑区的绝对大小似乎与专业技能相关，也就是说，突触以确定的方式连接和进行编码，构成了人类思想体系的基础——事物的概念。

事物的概念由感觉、运动属性及习得的特征定义，即以具有多模块的特征空间表征属于同一个类别的不同个体的共性信息。其在神经结构上倾向于使用各类属原型提示物的视觉图像或重要特征来索引在广泛分布式皮层网络中表征的类属。对事物语义的掌握不是通过对事物本身的精确描绘实现的，而是通过较为粗糙的整体类属网络实现的。这种网络适用于描述感觉、运动和情感等知觉的形成过程。实验表明，在意识中，抽象概念的结构形式不是列表形式，也不是结构清晰的分类形式，而是由被感知的事物和抽象概念构成的复杂网络，是将感觉与动机紧密相连的网络体系，总之，大脑意识结构与创建人工概念体系的"逻辑机器"并不相似。从更高的层次来看，在人类的感知体系中，价值观是先备的，是优先形成的；抽象概念是后天学习、训练形成的。因此，在信息的形成过程中，价值观的影响具有第一性和稳定性，世界观则具有理性、矫正性和第二性。

概念神经网络假想模型如图 4-2 所示。由图 4-2 可知，概念在人的大脑中表征知识的方法是按照感知特征将相关概念属性关联起来。实验表明，在面对多个具有相同特征的概念时，该模型可以得出相似概念的共同感知属性并将其作为表征概念的基础，再与其他属性关联并建立感知聚焦簇的网络组合。

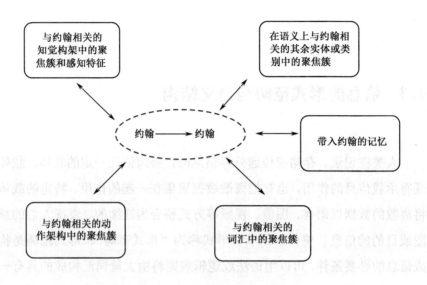

图 4-2　概念神经网络假想模型

　　人工概念体系的结构与人的大脑类似，都通过关联多维属性来表示完整的概念。只不过人工概念体系是用属性列表、明确标记和指针等简明的二维方式来表示概念的，而人的大脑是通过将特征与特定神经节点反复关联，以多维方式来表示概念的。在将概念组合并构成知识时，人工概念体系倾向于以单元语义赋予概念节点符号，也倾向于以单一途径连接节点。例如，在数据库关系结构中，每个实体的语义都必须是单元性的。概念属性单元具有自选择、自判断机制，人的大脑在每个感知聚焦簇内或概念集合内自然带有对感知有效性和关联指向的随机判断机制，这是人的大脑进行模糊计算和非线性判断的基础。

　　人的大脑具有概念网络模型的特征，这提示我们，信息的结构也具有网络性，从这个角度来说，信息可以把代表不同语义或属性的数据节点关联、组合并表征为符合信息主体特定目的的整体。

4.3　信息的形式范畴与语义结构

人类在记录、存储或传递外界信息时，必须依托一定的载体。载体既有承载信息的作用，也有把离散数据聚集在一起的作用。特定的载体将离散的数据以语言、图像、视频等方式整合为连续的、表征人们的意图或目的的信息。将信息的承载形式称为"形式范畴"。形式范畴是构成信息的必要条件，可以用语法或逻辑规则将由大量词汇构成的具有一定意义的数据组织起来，以表征信息并形成知识，这些数据结构和概念体系或多或少地被赋予了语义，可以称其为"语义结构"。

与以纸张为主要信息载体的时代相比，在数字时代下，数据越来越不依赖特定的形式范畴，不同类型数据的重组很容易实现，一些数据处理工具以不可变更的方式固定文件格式，试图使构成信息的数据受到特定的约束，实践证明这种做法并不成功。数字化导致信息的形式范畴被破坏是数据规模不断增大和数据单元精细化带来的必然趋势，离散性已成为数据的基本特征，不能靠传统的形式范畴解决上述问题。

仅有形式范畴是不能构成完整信息的。例如，我们在阅读时，大脑要用语法规则将由文字构成的词汇组织起来，在意识与思维的作用下将各概念表征为与认知目的相关的意义，才能形成信息或知识。像大脑中的网络模型一样，将相关感知聚焦簇关联起来，才能构成有效信息。因此，要形成信息，除了需要以一定的形式将数据聚集起来，还需要按照认知目的将具有相关语义的概念关联起来。在信息系统中，数据层的结构化数据可以独立于应用层的应用方式而存在。每个数据还需要借助数据元标准、元数据、分类体系及本体等，形成概念、获得语义、建立语义关系结构，为形成信息做好结构化准备。总之，应建立稳定的数据结构，以应对应用（不同认知目的下的信息）的动态变化。

信息是根据人的主观需求、意图关联起来的概念集合，离散的数据被赋予意义并构成信息。因此，信息应该与数据、符号、知识、信息资源等不同，即信息是个性化的，是与信息主体特定认知活动目的相关的数据组合、概念集合及语义相关体。例如，对于特定的信息主体而言，可以在出行前了解天气情况，其中每条数据都有确定或不确定的内容，气象机构对每条数据都有确定的概念约束和赋值规则，以保证每个关注气象数据的信息主体对这些数据有相同的理解。但只有与信息主体的认知目的、行为建立关系，并由信息主体依照认知目的赋予每条数据以特定意义，并以某种逻辑将其关联起来，这些数据才能组合起来并形成信息。实际上，在信息的背后，应该存在与认知目的相关的独特编码，其作为信息主体获得信息的必要条件，信息过程正如香农的通信模型所表达的：信宿端和信源端之间的通信是需要编码转换的，只不过在人类获取信息时，"通信模型"的编码一般存在于信息主体的大脑中，依托大脑中的感知逻辑、理性逻辑；而机器学习、人工智能还在获得这种能力的路上。

早期的猎人狩猎，都是自己判断猎场周围环境、分析环境信号的，信号直接在大脑中转化为信息，大脑根据狩猎目的，按照猎人积累的感知、认知逻辑来处理相关信号，并得到自己需要的信息，用于指导自己的狩猎行动。进入工业时代，由于人类的活动范围及人类行为的差异不断扩大，完全由信息主体完成将信号转换为信息的过程变得十分困难。由专业机构提供针对相关领域数据的公共服务效率更高，这也可以提高整个社会的运行效率。也就是说，对于现代人，我们在获得一条信息时，不需要自己去感知、判断和转化自身行动的环境信号，而是越来越依靠机构提供的专业数据，并由信息主体按照认知需要将相关数据关联、整合为信息。

信息是信息主体围绕自己的认知目的建立的数据关联或概念组合，因此认知目的成为关联数据的信息语义结构的基本属性，哪些数据被关联、被怎样关联、数据的语义特征如何等问题都可以根据认知目的确定。在信息中，认知目的根据信息主体的世界观、价值观形成，对信息的内涵有规定作用。因为每个信息主体的认知目的都是个性化的，所以个性化是信息的基本特征，即由数据语义构成的概念组合是由认知目的维系的。因此，数据的公共性越强、量越大，就越有可能造成信息困境，从而增大对相关数据进行组合的难度。由此可知，即使在信息时代，最艰巨的工作仍然是找到信息。在互联网出现之前，人类通过文件、书籍、册页等记录公共数据，并由图书馆、档案馆、专业数据机构提供批量化公共数据。这些数据具有一定的结构或经过结构化处理，如分类体系对数据特征的区分与关联在一定程度上为相关数据赋予了语义。但是，经过结构化处理的数据，只能为信息主体创建符合自身需求的具有特定认知目的的信息提供可用的数据线索和概念组件，而不能完全替代信息主体。

大数据时代的到来进一步增强了信息资源的离散性，随着数据离散性的增强，搜索引擎、统计模型、机器学习和人工智能等信息处理手段逐渐发展，这是在将数据转化为信息的过程中对工具聚合能力的必然要求。在互联网出现之前，信息资源按照社会职能在资源相对有限的范围内预先进行结构化处理，如形成分类方案、元数据描述、文献目录等。在互联网时代，数据环境更开放，数据的离散性问题更突出，达到某种认知目的需要更强大的数据收集、评价和整合手段，以得到符合认知目的的信息。

　　为了应对网络世界数据的离散性，一些专业领域的组织机构提出了很多与数据结构化有关的标准和框架。互联网的提出者伯纳斯·李就这个问题提出了语义网络的概念[1]。伯纳斯·李提出的互联网本质上是载有科技文献文本的超级网络，数据在互联网上是高度分布、高度离散的。虽然最初的数据以文本形式呈现，但网络文献认知目的的个性化导致数据意义是模糊的，语义难以辨识，标准化程度低，语义结构不全，数据的关联不确定。总之，早期的互联网数据既不适合采用人工处理方法，也不适合采用机器自动化处理方法。

　　伯纳斯·李提出的问题解决机制是计算机必须能够访问结构化数据库，也要遵守众多接口的规则，以便能用于指导各种推理过程[2]。根据该描述，语义网络的目标是构建由人驱动或由计算机驱动的可以自动调取结构化数据和建立数据关联的信息形成机制。在这个机制中，有数据关联的标准规则，如 URI，它提供了识别资源之间关系的方法；有数据描述规则，如 XML，它提供了标准语言规则，可以用标签来注释数据，通过对各类数据的标识描述，赋予离散性数据以结构、语义及应用方式；有数据的概念形成机制，如 RDF，它提供了一个不依赖语法为数据赋予语义的模型。该模型由"定义符—属性—值"构成，URI 将概念在资源中识别出来。概念是由不同的属性描述的，被指定的资源可以具有某种属性。属性则具有某种值，该值可以是字符串、数字或其他资源，如果该值属于某种资源，相应的也会具有某种属性，属性也会具有某种值，这就意味着 RDF 可以通过"定义符—属性—值"展开一个概念网络，使得计算机也可以在某种程度上识别数据的语义。另外，语义识别机制——本体（Ontologies）可以用于定义某个领域词汇之间的关系，为数据概念提供语义背景和词义关系。伯纳斯·李提出的语义网络结构是一套为离

----

1. Berners-Lee. Realizing the Full Potential of the Web.

2. Berners-Lee, Hendler, and Lassila. The Semantic Web.

散数据赋予语义的完整体系，整个体系的作用主要是为计算机自动处理数据提供机器理解数据语义的支持，可以根据人们提供的认知目标由计算机在巨大的网络资源中准确、快速地开展数据挖掘和检索，从而满足人们的信息需求。

第 5 章

信息的内在决定机制

5.1　世界观与信息真确性

世界观即我们如何感知和认知世界，是人们对世界的总看法和根本观点。从信息论的视角来看，世界观是信息主体把从外部世界感知、认知到的信号整合、转化为确定信息的一种内在模式。每个信息主体都有自己的世界观，由自身的感知体系通过概念的形成、概念相关性的建立，形成信息主体对外部世界的观点。

理查德·德威特给出了他对"世界观"的描述：世界观指的是一个观点体系，其中不同观点如同拼图的零片一样相互连接。也就是说，世界观不是一些分离、独立、不相关的观点的集合，而是不同观点相互交织、相互关联的体系[1]。世界观在信息形成过程中的作用是将经过人的感官整合、编辑的外部离散信号概念化、关联化、逻辑化，形成信息。这里的信息不再是信息主体收集到的来自环境的离散信号，信息主体会根据既有观点体系将这些信号整合到符合信息主体认知需要的坐标系中，并展现信号对信息主体的特定意义和意义集合。

---

1. 理查德·德威特. 世界观：现代人必须要懂的科学哲学和科学史[M]. 孙天, 译. 北京：机械工业出版社, 2020.

信息主体的感知体系是高度个性化的，这就意味着根据特异性的世界观形成的信息也应该是个性化的，因此，信息的个性化是必然的，"一千个读者眼中就会有一千个哈姆雷特"讲的就是这种情形。

　　从意识层面来看，人类的感官接收外部信号和处理外部信号的内在感应逻辑应该是同步进化的，有差异也应该是数量级的差异，不会有本质的不同，因为人类共同的智人祖先进化历史不过几十万年，在这种时间尺度下，大脑的器质分化不足以使感知功能产生根本性差异。人类意识对事物自然属性的感受、感知受到基本一致的逻辑的约束和编码，差别应该不大，得出的信息应该是相似的。例如，虽然不同的族群为色彩赋予了不同的意义符号，但事实上人们对色彩的自然感知力差别不大，而色觉差可能是由社会性导致的，色觉差与人们的社会生活经历和体验有关。例如，红色是血液的颜色，在人类的意识中，它与战争杀戮、热血奉献等密切相关，具体的社会体验不同，感受就会有差别：有人认为红色更体现奉献、热情；有人则认为红色更体现杀戮和残酷。

　　哲学家为了避免信息主体的个性化结构引起认知差异，引入了"真理"的概念。究竟什么是"真理"？其实没有定论，每种理论都试图为获得正确、真确的信息提供一个标准模式。

1. 真理符合论

　　真理符合论认为与客观事实相符的观点、信念及陈述就是真理，要将经过个体的世界观处理得到的信息与客观事实对比，符合客观事实的为真。这个理论认为信息主体形成信息需要与相应的客观事实对比才能判断其正确性。这个客观事实是由谁从相应的客观对象处获得的？是信息主体，还是社会共识？即使我们承认客观对象存在，也需要由信息主体从客观对象处提取客观事实，因此，真理符合论看似具有客观性，但作为真理参照物的客观事实不可避免地带有信息主体的意识成分；世界上确实有极大可能存在绝对客观，但不存在绝对客观的事实。本质上，真理符合论的信息主体获得的信息的正确性仍取决于信息主体在相应客观事实上的共识和一致性认知。这个共识是局部的，信息主体获得的自以为真实的、正确的信息是局部的，而共识具有普遍意义，因此该信息很可能是普遍信以为真的信息。

社会信息资源是由这样的具有共识性的"事实"信息的广大集合构成的。这些信息有的是人们司空见惯的，有的是被多数人的经验反复验证的，有的是符合人们生活常识的，有的是被某种社会意识形态阐述说明的，还有的是经过科学和逻辑方法论证的。从这个意义上说，社会信息资源的内在结构和信息内容取向，是信息主体获得信息意义的基本背景因素，它包含用于验证信息真确性的社会共同认知。

随着互联网应用的高度发展，中心化、广播式及传授式等社会信息资源产生模式，越来越被分散式、社群式、自我学习式、自我进化式替代。信息主体的信息验证知识和背景也趋于离散化、碎片化，甚至随机化，导致社会舆论严重分化，越来越难以达成社会共识，极端情况是出现社会撕裂情形。

2. 真理融贯论

真理融贯论认为，决定一个观点为真的因素是这个观点与整个信念或命题系统的各部分具有一致性。

当某个信息主体从某个事物中得出信息时，如果他相信与之相应的某个观点，且他新获得的信息与该观点一致，就可以构成该信息为真的认知。虽然这种真理融贯看起来很狭隘，但恰恰是人们相信经过其世界观加工的信息为真的一般情形。

当然，真理融贯论强调的是以一致性的科学认知为基础的融贯论，也就是说，信息主体获得的信息是否为真，取决于其信息意义是否与具有广泛性、一致性的科学观点相融贯。这种融贯论也可以看作一个信息主体根据信息与社会群体的共识性知识体系的融贯程度确定其真确性的方式。现代人已经形成了崇信科学的意识形态，进而对专业人员的观点十分信任，信息主体在对自己的信息做出真确性判断时，自然会使用具有共识性的知识体系或根据既有的知识体系进行逻辑推论。当然，根据专业人员对信息的真确性判断及对相关信息有效性的推论，信息主体会比较容易得出结论。

我们创造信息的世界观是被科学理论"塑形"的，是被科学理论推演出来并被长期积累的知识体系浸润的，因此，信息主体对其所获得信息的真实性判断，比较容易与社会共识融贯，严重的会被某些共识性知识误导。不谈科学理论本身的相对性问题，仅在信息主体形成的信息与某些知识体系的相关性，以及其对信息的真实性判断在融贯上的有效性方面，就很容易出现问题。因此，世界观在认知结构上的同构性，不能彻底解决信息主体对信息真实性的判断问题。特别是在当代社会中心化、体系化知识被碎片化知识反复侵蚀的信息资源环境下，信息主体的信息价值的个性化趋势越来越明显。同时，由于互联网、通信设施的高度发达，网络的全面覆盖性和通信的零时延，使得用于信息真实性对比的标准知识体系——社会信息资源——具有更微妙的内在结构和内在联系，类似"蝴蝶效应"这样的小概率信息关联，可能恰恰是影响信息主体信息取向的关键因素。换个角度说，确定性关系模式更多地被概率性关系模式取代。

5.2　认知活动与信息的形成

上述两类基本的"真理"模式隐含信息主体对客观世界的规律性认

识，因为信息的产生受认知属性规定性的影响。

当我们出门时，看到满天乌云，即使不看天气预报，也会考虑带上雨伞，因为此时的状况向我们提供了可能会下雨这一信息。古代军队中的斥候在丛林间探察时，会通过观察飞鸟来判断丛林中是否藏匿了敌人，如果藏匿了敌人，飞鸟会被惊扰，飞鸟存在与否就提供了丛林中是否有敌人的信息。从这两种情境来看，信息主体通过对客观事物之间相关性的观察、概括形成了其需要的信息。这个相关性可能是两个事物之间的伴生性，即一个事物出现意味着另一个事物出现。信息的形成取决于信息主体对客观世界中各要素关系的认知，以及对客观事物及其变化规律的系统性认知。相关性是根本条件，A 预示着 B，云预示着雨，烟预示着火，A 和 B 的关系就成为信息。换个角度可以说 A 是 B 的编码或表示符号。信息主体认识客观世界中的事物关系和规律，并对某些可验证的关系形成确信的观念，累积起来就构成了信息主体的世界观，由多重观念构成的世界观会不断在新的认知活动中变化和发展，是人类获得信息的基本体系结构。

人类获取信息的一个基本动因是对未来的预测需要，但未来充满了不确定性。为得到未来的可能信息，就需要信息主体系统性地总结现有的客观事物的变化规律，包括探索和发现人类所具有的行为模式。例如，对股票走势的预测，无论是基本面分析，还是技术分析，都不具有压倒性优势，因为大家对未来的预测都以过去和现在为依据。过去和现在是确定的，未来是不确定的，所有的预测都不可能有关于未来的绝对性信息。即使是概率性信息，也是我们希望得到和愿意相信的。

为了获得对未来认知的概率性信息，人类需要建立两类互补的能力：一是系统归纳、分析客观世界，进行抽象思考，建立客观世界运行模型的能力；二是面对复杂的情境，感知和识别各种环境变量，进行瞬时判断的能力。对客观世界运行模型的认知和确定，可以确立稳定的、长期的世界观，信息主体据此理解世界的运行方式。一旦这些模型成为世界观的一部分，就会引导我们的思想和行为，帮助我们判断一些观点、信念是否与真理融贯，成为识别个别信息真伪的标准。客观世界运行模型在我们的世界观中不一定是完整、精确的数学模型，多数人的世界观可能由关系不甚清晰、逻辑不够严谨的观点或信念构成，它们是每个信息主体通过长期学习、归纳、总结，以及与主流思想观念、模型、公理等对比修正形成的。由自身世界观体系解析的观点、信念，往往作为应对经常发生的瞬时决策及增强信息确定性的路径，是人类的一种经常性行为模式。

我们在做决策时，会有大量与自身世界观相融贯的信念帮助我们形成决策信息，因为其与我们的世界观相融贯，所以我们对这些信念的解释力抱有相当大的信心。例如，在市场走势波动的重复现象中，可以根据周期波动信息预测下一个波峰或波谷的到来时间，获取周期预测信息，是因为我们抱有"历史总是会重复的"信念。到了大数据时代，我们可以对特定的市场走势建立包括周期因素在内的多变量演化模型，并输入历史数据，以训练和改进这个模型，进而获得市场走势信息。这个较为复杂的模型与前面提到的较为简单的周期模型在预测精度上有很大差别，但由这两类模型产生的信息在本质上都是相对的、概率性的，不会因精度高而变成绝对性信息。时间运行到我们期望的那个未来（在空间、时间维度的某个确定的交叉点），就能确定当初预测信息的真实性，这时信息包含的不确定性就消失了，信息就失去了原本的推测意义，成为做后续预测时支持历史重复性信念的信息素材或构建新信念的信息资源。

在我们通过感知、理解、分析、概括来认识世界的过程中，会形成许多关于变化的世界的观念、观点，在这些观念、观点中，当然会有离散的、孤立的认知，但多数观念、观点会被我们的主观意识关联起来，客观世界中的离散信息会在我们的大脑中完成整合，以使我们能够应对多变的现实。同时，观念整合的过程有利于我们的主观意识完成自洽和他洽，在主观意识层面形成我们与客观世界打交道时需要的确定性、稳定性和连续性认知，以及对认知的内在肯定。这个体系构成了我们的世界观和理性思维基础。世界观是主观对客观世界的认知，寻求的是客观世界的真理，希望由真实的客观规律引出的模型能为我们获取真实客观的信息提供正确的结构、关系和约束。从这个意义上说，我们所获取的每条有意义的信息都是以自身的世界观为本体的。世界观是我们认知的本体，它为我们看待世界、做出决策、获取相关信息提供了基本结构和评价标准。在做决策时，符合世界观框架的信息被选取、整合，不符合世界观框架的信息被忽略、舍弃，甚至反对、批判，因为它们不被我们认同。

在我们的世界观框架下，我们对客观事物的认知、信念、观点，都可以视为对世界观的"形式表示"。这些"形式表示"规定了我们可以用哪些变量反映某些事物的关系、属性，其构成了反映事物及其变化的信息。在"历史总是会重复的"信念中，隐含时间周期的认知模型：一个事物的变化周期多次重复，会让我们对该事物的变化周期有比较确定的预期。以这个信念表示的认知模型可以为我们获取某些信息提供确定性认知及具体的周期信息。

信息主体的认知对象是具有差异的个体，但如果我们只看到充满差异的个体，就无法形成对客观世界的规律性认识。因此，归纳、总结、概括事物的共同特征，将事物归纳成类，可以使个体认知上升为总体认知。整体由具有差异的个体构成，构成成分具有共同特征，这个共同特征被称为事物的"属性""参数""标准"。可以以某个事物特征为"标准"对事物进行分类，也可以依照属性的相关性对个体进行聚类。整体特征表达的是个体的关系和共性，即与该事物相关的类的信息，同理，类之间的特征差异、类与个体之间的属性差异构成了人们对事物的认知信息。该信息不是完全客观的，而是人们通过主观认知过程形成的对客观世界的概括和理解，因此，分类或聚类是我们在面对变化万千的世界时获得信息的重要方法，是构成信息主体世界观的基础。

分类和聚类的认知模式被普遍应用于统计学，为获取事物特征，可以对事物整体中的样本进行估计，通过对样本统计量的推断来获取事物特征。通过个体的特征推断整体特征具有不确定性：一是信息主体在选择个体时的局限性会导致出现不确定性；二是个体之间存在的异质性会带来随机性。为获得相对准确的整体特征信息，人们针对样本设置了相应的规则和数据处理方法。上述认知模式也是我们的世界观的一部分。

在我们的世界观中，包含大量学习到的或由自身感知系统积累的认知模型和各种信念。林林总总的模型、信念，既是信息主体日常获取信息所依赖的意识结构和规则，也是理性或感性的融贯，作为我们获取信息所依赖的本体。DNA 虽然是生物的内在结构，但其只有被人类解析、编码，并形成准确的描述，我们才能通过 DNA 整体结构或局部片段与生物现实的关系获得所需要的生命属性的可信信息。

信息资源的映射如图 5-1 所示。

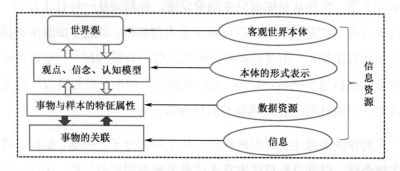

图 5-1　信息资源的映射

5.3 认知过程对信息特征的规定性

由于信息与信息主体的行为密切相关,所以信息必然受人类自身的意识体系(包括人的世界观)的深刻影响,世界观中包含的观点、信念及思想模型都成为信息的内在规定性。信息涉及的环境要素或变量,或者由被人的世界观所认可的观点和信念解释,或者由与世界观同构的各类模型编码和关联。从认知的视角分析,信息应该具有哪些特定属性(这些属性影响人的认知过程)呢?

1. 信息的目的性特征

人类的认知活动是人类行为的必要组成部分,信息是人类认知活动的基本要素和结果。人类的每个行为都会有一定的不确定性,获得信息就是为了降低某个行为的不确定性,或者在某种程度上使行为的结果可以被预见,因此,信息对人类行为而言具有很强的目的导向性,信息是认知主体为解决其行为中的不确定性而产生的,没有行为的需要就没有信息的产生。生物从单细胞向多细胞发展,看起来是一种自主行为,但该发展过程一定是以获取生存环境信息为前提的。虽然单细胞生物感知信息的器官很简单,但是选择维持现状或启动分裂程序,一定是在细胞与环境完成信息交换后决定的。虽然单细胞生物不存在与高级生物类似的认知,但对环境信息的感知是其行为的先导。

人类作为高级生物,组成结构是从生物大分子、细胞、组织、器官到生物个体,根据自然规律来看是远离平衡态的耗散结构,因此,人类这种高度复杂的生物的出现本身就是一个逆熵增或负熵的过程,这个高度复杂的生物维持生长、进化绝非偶然,是反复在生存环境中获取信息,按照最适生存准则调整自身的生存路径和生物组织方式的，通过与生存环境长期进行信息交换并引导进行能量交换、物质交换，来克服熵增规律，最终使得人类这种特定生命形式成功生存的过程。

麦克斯韦及后来的研究者对麦克斯韦妖进行了研究。麦克斯韦对妖的描述如下：假设将一个容器分为 A、B 两个部分，中间的隔板上有一个小洞，妖能够看到单个粒子，并且能打开或关闭这个小洞，从而使运动速度快的粒子从 A 运动到 B，使运动速度慢的粒子从 B 运动到 A。这样不必做功就可以使 B 的温度升高并使 A 的温度降低，这与热力学第二定律矛盾。

关于这一悖论，贝内特提出，要真正完成热力循环，这个妖必须擦除其所获得的关于气体分子位置的相关信息，擦除信息会产生熵。这样一来，要查出妖消除记忆的信息，就必须做功，而此功至少要与最初获得的功相等。通过对麦克斯韦妖的研究，我们了解了信息对具有耗散结构的系统的基本作用。

生物与外部环境交换信息的需要不仅在细胞、组织、器官层次上，还在整体层次上，生物通过与外部环境交换信息来维持生存，于是意识应运而生。意识主要服务于生物生存（与外部环境交换信息）的需要，思想也产生于这种生存的需要。面对远比个体细胞复杂得多的生存与环境适应性需求，完全被动和简单的信息交换对于引导生命进行能量交换、物质交换是远远不够的，在整体生存层次上的信息交换，要能够抵抗熵增带来的巨大的、复杂的环境无序性、无选择性，生存主体必须通过基于意识高度发展的主动信息交换能力和信息选择能力达到熵的平衡来维持生存，进而通过不断积累对抗熵增的信息负熵来获得自身成长的可能。从本质上说，人类为生存而对抗熵增的基本性质是选择性——对信息的选择性摄取，负熵导致的结果是信息引导能量和物质呈现的有序性。

复杂生命形态必然具有高度复杂的耗散结构。简单生命形态的耗散结构对能量交换和物质交换的引导更可能是被动的，依靠内部成分之间的自协调、自适应来积累负熵，以对抗熵增，建立系统内在的有序性。对于人类这样高度复杂的生物来说，对抗熵增的压力比简单的生物大得多，不仅系统内部成分之间的自协调、自适应难度大，系统整体在面对外部环境时的协调难度还会呈指数性跃迁，对生命整体的信息交换难度会在内部协调难度的基础上进一步增大。由此自然增大人类意识用主动选择性来对抗信息交换的难度。人类高度进化的器官是服从人类整体信息交换的需要而产生并逐渐建立功能适用性的，人类的视觉、听觉、味觉、触觉，以及隐含在机体内的平衡、协调器官，既要为整个内在系统成分的自协调提供信息交换，以长期自适应的方式构建适宜的信息交换接口，也要为潜藏在机体内部的人类意识提供能做出主动选择的信息接口。人类意识也在长期承担生命整体信息选择功能责任的过程中不断迭代，从无意识的被动信息交换能力，变为由认知力、推理力、想象力等驱动的主动选择能力。

人类与外部世界进行的信息交换，既有被动的、无意识的，也有主动的、有意识的。主动的、有意识的认知，必然带有选择性特征，因为被动的、无意识的信息交换是经历漫长时间的适应、驯化才达到信息交换的需求平衡状态的。例如，我们的视觉只能接受波长为 390～740nm 的光波，这是生物与环境进行信息交换并经过长期驯化甚至迭代，逐渐形成需求平衡的结果。作为生物组合整体信息器官的意识体，一方面对系统内部协调及有序结构建立需求；另一方面要面对复杂的外部环境。因此，信息交换必然具有主动选择性。

主动选择性具有两重意义：一是建立认知模型、知识体系，构建符合自身生存需求的世界观，形成生物与环境交换信息的接口和信息过滤器；二是在信息交换中对外部环境变量进行筛选，使每个信息交换过程都与对应的行为目的建立联系，将与行为目的的相关性作为选择和筛选的主要准则，以避免复杂环境因素对信息负熵的抵消，或者在系统与环境之间进行无效信息交换。因此，以人的认知具有主动选择性来推论，信息与人的行为目的具有相关性。

人类与外部环境交换信息时的选择性特征，决定了行为主体在面对高度复杂的非结构性环境时，必然要使所获取的信息具有明确的指向性，通过调动人的认知能力和知识积累来规避由复杂环境导致不确定性过高而使具体行为失效的情况，必须使所获得的信息能够有效服务于具体行动。因此，有选择地获取外部信息成为人类对待外部的高度复杂的信息环境的一种本能，这种本能的存在，使人类在与外部环境交换信息时，会以行为目的为依据，排除不相关、不必要的环境变量，建立与行为目的之间的相关信息体系。目的导向性就是信息这一概念的固有特征。从人类整体的角度来看，不带有目的的信息是不存在的。信息具有目的性特征。

2. 非特定性与信息资源的特征

信息具有的目的性特征体现了信息与具体行为的密切关系。信息的目的性可以减小人类在实施行为之前和实施过程中关于所处环境的不确定性困扰。人类为了降低自身行为的不确定性，必须识别每个行为对应事件的目的、时间、空间等属性的差异，从而有选择地获取与行为目的相关的特定环境变量，以消除特定行为的不确定性。然而，信息的目的性、选择性及特定性，都不能完全消除信息主体在获取信息时所面对环境的不确定性、变化性及复杂性。人们自然而然地会有意识地寻找事物的规律，识别已发生的类似行为或类似事件，以了解未知行为或事件发生的概率。

在解决获取信息时面对的不确定性、变化性和复杂性问题方面，人类从未停下脚步，哲学、科学都源于此。在中华文明发展的初期，人们也面对同样的问题和困扰，形成了很多思想成果，《易经》就是其中之一，据说流传至今的《易经》是以《周易》为母本的，还有一些不同时期的版本已经失传。

《易经》的"易"是变化的意思，是中国人关于外部环境的基本认知：我们所面对的世界是不断变化的和不确定的。我们该如何克服这种变化和不确定呢？《易经》注重探究导致事物变化的因素及其相互作用，通过对这些因素及其相互作用的分析来建立形式化推演系统，将环境输入项的变化和不确定抽象化为"数"，代入形式化结构，以获得关于行为的信息指导。

这套形式化推演系统的建立和应用，是摆脱由信息目的性特征导致的信息特定性局限的信息获取方式的重大进步。这套系统将阴阳及其相互作用作为万事万物变化的基本元素，并由其构成系统推演事物变化的基础。几千年来，《易经》的形式化思维对中华文化的浸润，深刻影响了中国人对世界的感观和行为模式，但《易经》毕竟是早期人类文明的产物，不可避免地存在局限性。《易经》的形式化是将阴阳两个因素的组合扩展为 64 组方式，每组方式对应一组由特定现象转化而来的通用性，这种形式化方式以阴阳为核心辐射出 64 种可能性，古人将其作为解决一般问题的信息，通过与实例匹配来将其转化为用于解决特定问题的信息。

这种形式化方式显然是存在缺陷的。首先，根据阴阳及其相互作用观察世界的一般变化，在某种程度上是有效的，但形式化推演系统不能为识别变量数据和建立解释模型提供准则与工具，因此无法为特定事件提供可靠信息。其次，《易经》将与每种阴阳组合对应的特定现象和实例作为推测某种变化发生的可能性的信息结果，显然有缘木求鱼的味道，即以属性上的相似性代替精确的数量关系模型，这样的形式化推演系统获得特定性信息的可能性不高。

《易经》是人们在认知方式上进行的非常重要的探索。中华文化中有"天人合一"的思想，在认知活动中，这一思想体现为只要人们"厚德载物、自强不息"，同时发现一定的形式方法，就可以获得必要的预测信息。这种在获取特定性信息时所进行的形式化、一般化探索，虽然在今天看来有些粗糙，但并不妨碍为我们带来深刻的启发：人类的信息行为由特定性走向一般性、形式化是必然过程。

　　信息具有目的性、独特性，这是由信息主体在从高度复杂的外部环境中获取信息时必须有选择性导致的，是由熵增原理决定的，我们的感官也被长期的信息交换驯化为遵循选择性原则。例如，植物学家发现，某些植物在被破坏时会发出痛苦的声音，但人类不会听到这些痛苦的声音，因为这些信号对于维持我们的生存来说没有意义，被我们有选择性地忽略了。

　　无论选择性原则在解决信息与特定行为的相关性方面表现得如何出色，都不能从根本上解决人类作为信息主体获取信息的有效性问题，也不能使人类具有超凡的信息处理能力。如果无法评价信息的特定性和不确定性，行为主体就相当于需要面对完全随机的行为前景，因此，作为信息主体的人类必须积累经验，在错综复杂的环境变量中发现要素的结构性和有序性，并根据环境变量呈现的结构性进行预测，用具有普遍性、一般性的模式来解释、评价特定变量，使这些变量具有融合性，这是符合事物变化的一般逻辑的。人们构建了一般化、形式化认知结构，以揭示、解释特定性信息，这是人类认知发展的必然过程。信息主体要获取特定性信息，必须依赖非特定方式、模式和素材；这些更具一般意义的非特定方式、模式和素材，为信息主体发现、选择和评判特定行为提供了可靠支持。因此，虽然在不同的体系中，这些资源性要素被称为"知识""数据"等，但我们可以从探索信息具有的意义、认知过程的必要性等角度出发，将其称为信息资源。

获取特定性信息必须以非特定性信息为基础。人类获取信息是为了克服具体行为的不确定性，就某个具体行为与外部环境变量的关系而言，行为目的的特定性，决定了相关信息的特定性及与其他目的之间的差异性。如果没有必要的信息资源支持，信息主体获取新信息需要做的功就比较大，因为信息熵相对较高。如果每次获取信息对信息主体而言都是一次新的信息行为，那么通常信息主体做的功无法被其所获得的信息或能量补偿，用经济学语言来表述就是收益无法覆盖成本。在这样的信息交换模式下，人类不可能发展到今天，一定会被自然的演化过程淘汰。其实，动物也会避免完全不依赖信息资源生存的行为模式，动物通过生理记忆、重复习惯或群体共同选择使自身的行为具有一定的可预见性，就像大马哈鱼每年千里迢迢回祖先选定的产卵地产卵一样。因此，为了建立适合生存的信息行为模式，人类必须用连续的信息行为代替离散的、独立的信息行为，使高熵的信息资源不断转化为低熵的信息资源，为人类对抗熵增规律不断积累信息负熵。信息资源行为是信息主体完成认知过程的必要行为，这个过程是被人类生存发展的内在需求驱动的。

信息资源的形式要对特定信息过程进行泛化。如果信息是完全随机的，就不能引起有目的、有意识的行为，因此，只有在意识上、思想上、认知上以某种合理的结构来认识外部环境变量，才能使外部环境变量收敛于某些特定的行为目的，形成对信息主体有价值的信息。这种意识和思想上的泛化，必须在符合融贯论的条件下，取得具有普遍性、一致性的意识和思想方法，包括建立和运用世界观结构、思想方法、认知逻辑、公理系统、建模规则等。在人们的世界观中，普遍存在"因果观"，人们的很多信念是基于因果逻辑的。如果不能对因果逻辑的规则进行泛化，就可能形成错误的因果观，如把清晨的鸡叫看作因，把太阳出现在地平线当成果。

从信息熵的角度来分析，信息的信息熵大小是由信息主体对自身行为目的的认知与外部环境变量之间的相关性决定的，人类对真理的认知必须经过符合论和融贯论的一致性检验。因此，信息主体获取的信息与规范的认知逻辑和模式所揭示的外部环境结构性、有序性偏差越大，其熵就越大，信息与信息主体的目标的相关度就越低，信息的价值就越低，信息的有效性就越低。采用泛化的世界观、信念、逻辑和认知模式来辨别、理解和解释客观环境变量的有序性、结构性，是克服特定性事件信息高熵的基本途径。因此，泛化的认知方式，无论是存在于人们大脑中的隐性逻辑、模式，还是被一致表示的逻辑、模式，都是支撑获取信息不可或缺的基本资源条件，可以被纳入信息资源范畴。信息资源的一个重要性质是认知逻辑的泛化。

在大数据时代，信息主体获取信息需要建模，从大量数据中发现数据与特定目的之间的相关性，揭示数据的结构并找到该数据结构与特定目的的相关性。信息熵的衡量需要建立模型范式，将其作为衡量信息有效性的标准尺度。一般认为，可以通过描述所需的最小比特来测量信息量。香农的信息论认为：如果给定概率分布，那么描述法就是最优测量方法。柯尔莫哥洛夫的算法论却采取了与其不同的非概率方法：计算机程序如果先计算观察到的字符串并随后终止，则该计算机程序是一种有效描述，那么就可以将该字符串中的信息量定义为输出[1]。上述认知模式可以衡量特定模型的信息量及信息的有效性。

信息资源是信息主体完成认知过程的必要因素，信息资源的泛化也是信息主体获取信息并使信息具有有效性的必然选择。信息主体如何使自己获得的信息有效满足自身的行为需要？可能真实性不是第一选择。虽然可以通过符合论、融贯论对所获得信息的真实性做出某种程度的判

---

1. 彼得·阿德里安斯, 约翰·范·本瑟姆. 信息哲学[M]. 殷杰, 原志宏, 刘扬弃, 译. 北京：北京师范大学出版社, 2015.

断，但无法在理论上证明信息的绝对真理性。无法获得信息的绝对真理性意义并不妨碍我们获取有效信息，以保证我们的行为的有效性。人类使用广义相对论认知模型观察宏观世界，已经被证明是正确的，但在微观量子世界，该模型就不适用了，只能用量子力学描述。物理学家正试图建立统一的认知模型，以同样的逻辑范式解释世界，建立统一的世界模型。虽然人类目前可以用不同的模型解释世界，但要把宏观世界模型和微观世界模型统一起来，还需要找到认识世界的新范式，也许是多重世界理论，也许是弦理论，也许是全息宇宙理论，这些理论要发展出能统一解释两个世界的底层逻辑。

从认知需要来看，人类需要的信息是能满足特定行为目的的信息，以及由特定的性质、地点和时间构成特定情境所需要的信息。人类的行为目的规定了特定的时空和事物的性质，也在某种程度上规定了信息的概率分布。特定性信息不是自我贡献给信息主体的，信息主体需要在大量的环境变量中做出选择，依靠某种准则、某个模型或算法，发现环境变量的相关性、结构特征、概率分布及域值或属性，而这些非特定性信息资源可以是直接来自环境变量的增量数据，也可以是存量数据。存量数据大多由原本带有具体目的的信息转化而来。无论是增量数据还是存量数据，作为产生新信息的资源，在新的目的下只能重新发现数据的相关性、结构性和特定意义，以作为新目的下的资源。由于认知过程的需要，人类很早就有不根据特定目的对存量信息资源进行结构化处理的本能，这个本能发展到现代，引导人类发明了分类方法，借助对客观世界的认知，形成了人类主观意识中的概念本体，以此为依据对存量信息资源进行分类处理。在进行分类处理时，概念本体使存量信息所携带的特定性淡化，在信息主体预期需要的领域建立客观事物的结构性，这其实是人类为满足认知需要对抗高熵势能的一种努力，相当于把负熵势能注入存量信息资源并存储起来。按照信息主体对客观世界的认知模型和逻辑在信息资源中形成结构性和有序性，成为对抗新信息产生过程中出现

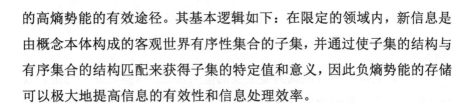

的高熵势能的有效途径。其基本逻辑如下：在限定的领域内，新信息是由概念本体构成的客观世界有序性集合的子集，并通过使子集的结构与有序集合的结构匹配来获得子集的特定值和意义，因此负熵势能的存储可以极大地提高信息的有效性和信息处理效率。

信息资源作为信息负熵的存储器，其构成因素会呈现不同的状态，不同的状态具有不同的信息熵。划分信息熵量级的指标是结构性。

结构性表达的是作为子集的构成因素与全体集合的概念本体结构的吻合度。可以将子集作为一个单独集合来观察，其内部因素被界定的清晰度、概念的指向性，以及因素间关系和关联路径的确定性等，反映了其结构性的强弱。集合内部因素的概念越清晰，指向越相关，关联和路径越确定，则结构性越强，信息熵越低。例如，按照某种分类标准对数据进行分类，就可以为这个数据集建立起一定的结构性。建立关系数据库的数据关系结构，需要对数据进行泛化，目的是使集合内的数据在概念、关系和路径上具有单纯性、单一性，并具有一定的结构性。

结构性的本质是人的主观意识对客观事物及其变化的认知、理解、定义、描述和概括，并将形成的概念体系映射到需要处理的数据集，形成对数据集因素及其关系的理解。我们由此认为，无论是存量资源还是增量资源，要将具有特定性的高熵信息转换为不具有特定性的低熵信息，必然在信息主体的认知内，在机制的基础作用下，通过我们在意识中已建立的世界观、信念、认知模型等认知机制来实现。

在信息理论和实践领域，甚至在信息领域之外，对"数据""大数据"等概念在使用远比"信息资源"广泛。原因在于，"数据""大数据"等概念包含更多的原始性、材料性意味，是可以创造信息的基础素材。"数据""大数据"等概念在信息领域内外被广泛使用，肯定有其合理性。从信息需要经过结构化等认知过程转化，才能成为低熵的可利用材料的角度来看，使用"信息资源"这个概念更为恰当。这个概念强调了信息

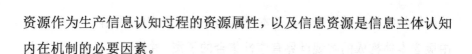

资源作为生产信息认知过程的资源属性，以及信息资源是信息主体认知内在机制的必要因素。

当前，大数据被普遍认为是主要的信息基础，数据的安全问题、数据的隐私问题、数据的所有权与使用权界定问题等应运而生，对大数据应用的有效性产生影响。对大数据资源属性的充分认知成为解决上述问题的重要基点。数据不仅具有原始性、材料性，大多数数据还源于具有特定性、目的性的信息。信息资源就是对这些具有特定性、目的性的信息进行结构化处理，进行资源性转化，在某种程度上消除特定性，从而具备创造新信息的资源条件的被赋予资源属性的数据。

从可用性的角度来看，具有目的性的信息是高熵的，信息的有序性是与特定目的密切相关的有序性，这种信息的有序性、结构性程度相对较低，不具备充分的资源性，不适合参与新信息的形成过程。例如，大量来自不同渠道的数据只有在进行清洗、整序、分类、泛化后，才能呈现数据的资源性，才有利于对新应用目的进行分析，使其具备机器学习和样本训练的资源性。

从信息所有权的角度来看，信息的目的性意味着信息的权属性。信息的权属性强，意味着信息的资源属性弱，即大数据的可用性弱。怎么考虑这个问题呢？例如，在每个线上交易活动中，都会形成一组信息，那么，这组信息属于谁？在当前的机制下，一般不这样提问，因为数据概念本身就忽略了其与目的之间的相关性，数据强调的是归属于形成主体的原始材料性，而不是交易行为的相互性，以及作为交易成果——信息的权益的双方共有性；通过数据概念把由一次次交易构成的权益共有性变成交易中某方的自然成果，从而淡化了每次交易中信息权益的共有性。关心数据的安全问题或隐私问题，恰恰是以每次交易形成的一组信息权益的共有性为前提的。如果没有这个前提，大数据的信息资源属性就会比较弱，安全问题和隐私问题就缺少治理的概念逻辑基础。每次交易构成的一组信息，从权属上说，一定是交易双方所共有的。在线下交易中，可以通过发票证明交易的存在，明确双方的交易信息可查可证，但平台交易方式彻底改变了交易双方在特定交易信息控制权方面的地位，平台方有绝对的控制地位。虽然线上交易也可以开具发票，但交易信息被完整保留在了平台上，平台成了完整信息的实际占有者。以前，个体信息很难在被整合使用的同时被特别关注；当前，以云存储、云计算为基础的线上平台完全可以在整体使用交易信息的同时，单独关注个人的某次交易信息或交易轨迹信息。这就突出了信息安全与隐私问题。因此，在将单次交易信息或个体交易信息作为信息集合的资源性转化工作中，必须包含去除信息目的性及个人关联性等资源化内容；涉及机构的交易，也要完成以"去除职属性"为内容的资源性转化工作。

信息资源要素内部存在结构上的差异，这种差异与信息主体的认知过程相关。信息主体从客观变量中发现有序性和结构性，使信息产生意义。人们会发现，不同变量之间具有相关性或一些变量具有某种性质，这些性质会为具有特定目的的信息赋予特定的意义。然而，信息的有序性和结构性，会随信息与特定目的之间关系的变化而变化，一些信息的有序性和结构性会随其与特定目的的相关性的消解而消解。通俗来讲，就是"一个药方治一种病"，目的不同的信息具有不同的意义。然而，一些信息却可以揭示具有普遍性或一般性的有序性和结构性，如某些可以被验证的因果关系、被反复推演证实的数学模型等。其被认知主体接纳，并被认知主体进行逻辑验证后精密构建，成为确定性认知。

确定性认知包括确定的观点、信念及规律等确定性结果，也包括由信息主体的感知能力、推理及验证能力等构成的世界观。一般将这些对客观世界的确定性认知称为"知识"，可以这样描述：知识是各种真实合理的信念[1]。虽然还不能在逻辑上证明知识等于真实合理的信念，但可

---

1. 彼得·阿德里安斯，约翰·范·本瑟姆. 信息哲学[M]. 殷杰，原志宏，刘扬弃，译. 北京：北京师范大学出版社，2015.

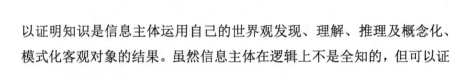

以证明知识是信息主体运用自己的世界观发现、理解、推理及概念化、模式化客观对象的结果。虽然信息主体在逻辑上不是全知的,但可以证明其信念的合理性。

需要强调的是,在面对复杂的认知场景及复杂的变化因素时,只有通过使用长期积累和主动构建的认知逻辑和认知模型,才能获得真实有效的具有确定的有序性和结构性内涵的信息。世界观的整体信念构成及可以被验证的合理的知识,就是认知所需的信息资源。这些知识由对大量特定性信息的归纳、分析及建模转化而来。需要对主观的思想逻辑模型不断地修正、迭代,构成更具一般意义的逻辑工具,使其失去对特定场景和目的的特指性,成为信息主体的世界观、信念、认知模型等主观结构的组成部分,以存量信息的形态,为获取新信息提供资源支持。

综上所述,信息资源的有效性源于其低熵性,同时,要使特定性信息成为信息资源,还需要由信息主体在认知过程中改变信息的低熵状态,使其具有稳定的性质。无论是增量信息资源,还是存量信息资源,提高资源有效性的基本途径都是使信息资源形成和保持低熵状态,包括泛化特定性信息的目的性,借助信息主体的世界观、基本信念、逻辑能力、建模能力、概念能力等,建立具有普遍性意义的、相对稳定的信息有序性和结构性。

5.4 信息主体的世界观塑形

每个信息主体在形成个性化信息时,都以世界观为基础。世界观包含信息主体在与外部世界进行长期认知活动的过程中积累的观点、观念

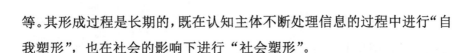

等。其形成过程是长期的，既在认知主体不断处理信息的过程中进行"自我塑形"，也在社会的影响下进行"社会塑形"。

1. 世界观的自我塑形

人的意识是以神经网络为基本形态的，支撑意识的每个概念都以神经网络形式存在，与某个概念相关的特征会构成稳定的神经网络形态，具有共性的特征会被抽取出来并形成特殊结构，使意识可以识别具有相关性和差异性的概念结构及语义。因此可以推测，每个概念在意识体系中的"丰度"，即感知类型的多重性和概念相关节点的丰富度，对形成稳定的意识或确定的观念有影响。换言之，多维感知和神经网络的刺激对认识事物有帮助，并有利于把相关概念纳入自己的世界观体系。世界观的塑形就像玩拼图游戏，在一堆杂乱无序的零片中，认识其式样、颜色，并分析它们之间的关系，把零片填到适当的位置，最终完成拼图。每个零片都可能是由一个概念及相关属性网络构成的观念，可能具有相对独立的意义，但由于世界本身是错综复杂的，而且人的行为目的是千变万化的，所以每个零片与其他零片的组合可能具有很大的关联随机性，这种关联随机性一定会导致观念体系输出信息的不确定性。而对世界观塑形来说，观念零片不可能一次性拼成整体图画，这不仅导致个体的世界观千差万别，还表明个体世界观的塑形都会经历一个发展演化的过程。

瑞士心理学家皮亚杰从发展的视角阐述了他的认知理论，提出将逻辑运算能力作为衡量认知成熟度的指标。

皮亚杰将认知发展分为感知运算阶段、前运算阶段、具体运算阶段、形式运算阶段。

（1）0～2 岁是感知运算阶段。皮亚杰认为，感知运算阶段是人的感知形成的萌芽阶段，在这个阶段，婴儿不断进行肢体和感官的探索，进行学习,智力发展的标志是在意识中逐渐获得了客体永恒性,即客体不会随着其在感知中的消失而消失。按照皮亚杰的"客体永恒性"观点,客体对象的实在性及由此在意识中逐渐形成的相区隔的主体与客体,应该是世界观及价值观形成的底层结构。

(2)2～7岁是前运算阶段。皮亚杰认为,在前运算阶段,儿童以形象化模式面对感知到的世界,开始学会用语言符号表达感知到的事物。总体来看,这属于依靠直觉认识世界的过程。例如,这个阶段普遍存在的"万物有灵"的世界观,就是以自身的感知直观地认识万事万物。在认知发展的水平上,皮亚杰认为,这个阶段儿童的认知能力还停留在以自己的视角为主的层级,即自我中心论。以自我为中心,一方面表示人的认知能力发展尚不充分;另一方面表示人的世界观中的认知主体意识正初步形成,是世界观形成的标志。

(3)7～11岁是具体运算阶段。在这个阶段,儿童认识了抽象概念,有初步进行逻辑推理的能力,但还需要根据具体事物来解读、理解抽象概念,不能完全通过抽象思维获得对普遍规律的认知能力。在这个阶段,人的世界观以具象形式为主,儿童的认知结构初步建立了从具象到抽象的通道,在大量感知外部事物的过程中,开始为搭建自己的世界观添砖加瓦。

(4)11～15岁是形式运算阶段。按照皮亚杰的观点,人的思维能力在这个阶段基本成熟,主要表现如下:思维活动能以命题形式来开展;不仅可以进行经验归纳,还可以进行假设演绎推理;具有运用符号进行思维的能力。可以认为,由于人的认知能力基本形成,在这个阶段,人的世界观结构初步构建完成,认知主体可以对外部世界的变量进行获取、整合和按照某种逻辑规则或算法进行运算,形成自己对外部世界确定的认知。

从认知发展理论来看,人的智慧形成过程是在主体与客体的相互

作用中建构主体内部认知结构的过程，这个过程其实是人的自我塑形过程。

皮亚杰用图式（Schema）的概念表示人的认知结构，认为图式是认知结构的基本单元。图式是认知主体感知、理解和思考世界的方式。由于个体的图式不同，所以在面对相同的外部刺激时，不同的人得到的信息很可能是不同的。图式是随着人的成长而不断完善的，在图式这种基本认知结构上搭建的世界观同样如此。认知主体的图式在与外部世界相互作用、相互适应的过程中，从遗传性图式发展为感觉运动图式、表象图式、直觉思维图式，最后构成运算思维图式。

皮亚杰用同化和顺应两个概念来表达世界观形成过程中认知主体与外部世界的相互作用。同化指使用既有的图式对输入信号进行过滤或改变；如果既有图式不能整合外部输入，则需要改变内部图式，以适应现实，将该过程称为顺应。如果将认知主体的世界观的塑形和发展看作同化与顺应的动态变化过程，那么世界观是在不断建立平衡、打破平衡和建立新平衡的过程中发展成熟的，认知主体不断吸收外部信息，根据自己的图式整合、同化成信息并输出。当图式不能整合输入的外部信息时，就需要变革图式，提高认知水平，使之能整合、同化新的信息。这是世界观自我塑形的基本过程。

世界观的自我塑形是在信息处理过程中的意识累积过程，因此，尽管世界观的结构形式、构成要素和发展程度可能大致趋同，自我塑形的意识活动叠加和组合也会发展出千差万别的世界观。就像欣赏艺术作品，对于同一个作品，不同的欣赏者会获得不同的体验信息，信息会转化为不同的艺术感受，即使是接受了相同的艺术教育的人也会如此，艺术体验本身就不拒绝"一千个读者眼中就会有一千个哈姆雷特"的个性体验差别。

从信息的形成机制来看，世界观的个性化导致每个信息主体所创造的信息是个性化的，会折射信息主体的独特观点。不同世界观下的认知结果会有一定的差异，与已经被人们接受的概念、观点或知识相比，它是高熵的，对于一些难以理解或不能接受的信息，我们有时会称之为"离经叛道"，即该信息与已被人们接受的知识体系、常识存在较大的偏差，或者说，这些信息还没有或还无法进入现有的有序体系——知识与常识系统，所以它是高熵的。高熵信息具有特异性、离散性、不确定性，但可能蕴含新的世界观拐点要素或蕴含突破旧体系的新增长点。所有的认知过程都是对个性化的世界观形成的高熵信息进行有序化整合后形成有序低熵信息的过程，多数情况是在旧体系中出现新信息，通过打破旧体系的统一与和谐，导致旧体系自洽的概念结构崩塌或破溃，然后引入新信息或将新信息作为分裂、化合的原点，建立自洽的新体系。

2. 世界观的社会塑形

人的行为依赖其从外部变量空间获得的信息。简单来讲，就是要在社会上形成对世界观的认知约束，以产生具有共识性的信息，在现代社会中，主要通过公共教育来实现世界观的社会塑形。从更大的范畴来看，公共教育是特定社会制度、生存文化的规泛化、系统化体现，世界观是经过社会文化、社会制度、社会群体意识塑造的。

1）社会意识形态的塑形作用

历史学家尤瓦尔·赫拉利在《人类简史：从动物到上帝》一书中提出：人类是依靠"虚构故事"构成社会凝聚力的，图腾、神话，以及当代的公司制等，都是人类赖以维系社会组织的"虚构故事"。龙瓦尔·赫拉利讲的这个"虚构故事"其实就是社会群体意识，是具有社会共识性的信息。无论它是由领袖创造然后变成社会共识性意识的，还是由社会成员集体创造并经过长期交流形成社会共识性意识的，都对社会成员的世界观有塑形作用。虽然现代科学在理性逻辑上早已敲碎了人们大脑中的经典虚构故事的结构框架,但这些虚构故事却作为社会共识性信息长期对人的意识进行侵蚀和塑造,人们对生存价值、社会方式的认知依赖其提供的准则。

通过社会塑形方式形成的世界观,在对外部信息进行处埋时有以下两个明显的效应。

第一,感性趋向性。这种社会塑形方式以必然性为前提,容易将世界观导向非理性,理性逻辑在很多时候会让位于感性,在极端情况下甚至是反智的。

第二,社会认同性。例如,基于共同生活方式塑造的世界观带来的认同性。

德国哲学家卡尔·雅斯贝斯在《历史的起源与目标》一书中提出了"轴心时代"的概念。在该书中,卡尔·雅斯贝斯把公元前 500 年前后同时出现在中国、西方和印度等地的人类文化突破现象称为"轴心时代"。这个时代产生的思想对今后几千年的文明发展起到奠基和文明定型作用。从中华文明发展的角度来看,卡尔·雅斯贝斯的"轴心时代"观点有一定的道理。春秋时期,中国农业文明的形态已臻成熟,而当时配套的社会制度和社会关系却处在分化、整合、转型的动荡时期,在几百年的时间内,全社会都在进行意识形态的碰撞,呈现"百家争鸣、百花齐放"的局面。各种思想的萌芽、成长、碰撞和在全社会的激荡,在中国后世的文明定型中起发端作用,因此可以把春秋时代看作中华文明的"轴心时代"。

中华文明的社会认同性,大致起源于"轴心时代",诸子百家,特别是老子、孔子的思想,逐渐成为中华文明的社会共识。老子的《道德经》为我们塑造了人与自然关系的社会共识的核心思想,在《道德经》中,老子阐释了宇宙自然运行之道及运行方式,同时阐释了自然之道及其形式既是人类社会运行的驱动力，也是人类社会运行方式的约束力，人类及社会运行循道而行，才不至于败亡。根据老子在《道德经》中提出的"反者道之动，弱者道之用"，可以得到：人类的存在本来就是逆道而行的，所以人类的基本行为方式为守弱。老子的思想逐渐酝酿、演化为中华文化的社会共识的重要内容之一。这种社会共识为中国人提供的认知和信息模式是非常深刻和持久的。

2）社会教育制度的塑形作用

在现代教育体系中，世界观的社会塑形主要通过共同学习的方式实现，让受教育者接受人类发现的公理等系统化知识，通过传授这些系统化知识，潜移默化地在受教育者的意识深处植入创造系统化知识的理性逻辑模型。随着受教育者学习的深入，系统化知识成为他们世界观大树上的树叶，而理性逻辑模型是这棵大树的主干和枝干，人类学习、验证和取得社会共识的知识可以被不断否定和证伪，就像秋天的树叶一样自然飘落，完全不会有违和感，但支持这些树叶生长的理性逻辑模型早已被植入人的世界观中，成为人们认识世界的基本框架。

现代教育体系对人的世界观的塑形是以分科方式进行的。科学的分化逐渐成为社会教育的框架，虽然世界是统一的，但世界的属性是错综复杂的，只有分科才能降低学习的复杂性。分科教育的发展，彻底改变了人类对世界观的塑形方式，随着分科的细化和深化，受教育者的世界观被筑成比较窄细的模样。特别是工业社会高度发展后，社会分工更加严密，机器成为社会生产活动的主体，社会生产活动对人的需求更倾向于具有专业素质、知识和技能的劳动者（无论是体力劳动者还是脑力劳动者）。这从教育体制上进一步固化了分科趋势，最终固化了分科式的世界观塑形。

3）社会生存方式的塑形作用

社会生存方式对世界观的社会塑形具有深刻和稳定的影响。下面以东西方社会迥异的世界观为例进行分析。我们知道，中华文明是世界四大文明中唯一延续演化至今的文明，是典型的农业文明。中华文明孕育发展之地的西部有高原阻隔，西南部有横断山脉，东部、东南部是浩瀚的大海，北部是戈壁、沙漠和一望无际的草原，再往北是西伯利亚的常年冻土地带。两条大河具有优越的地理条件和四季分明的气候条件，成为中华民族生发、成长、壮大的天然之地。在中华民族的世界观中，这里是我们的生存之地。

中华文明是农业文明，母亲河是黄河。人们沿河而居，耕种土地，繁衍生息。虽然享有大河冲积带来的肥沃土地，但要面对河水泛滥、干涸之患，社会的组织性是生存条件塑造出来的基本民族特性。这个民族特性含有两个特别重要的属性：一是群体合作。要获得农业收入，必须进行水利工程建设，开展治河、分渠等大规模的劳动协作，这塑造了中华民族将牺牲自己的利益、承担社会责任视为生存的必要条件的心理认知。二是高位由有德者居之。"大禹治水三过家门而不入"，大禹及其父辈艰苦卓绝，不怕牺牲，领导治水；特别彰显了治水领袖的德行，舍家为公，堪为榜样。只有德才兼备的领袖才能组织和带领百姓进行大规模公共工程建设，建立自己的朝代法统。这样的观念被儒家描述成社会族群相处的基本观念，久而久之演化为中华民族的世界观，认为高位由有德者居之，崇敬圣人、仁人，也有"水能载舟，亦能覆舟""王侯将相宁有种乎"的观念约束。因此，在封建社会，统治者带领群众浴血奋战，显示其开天辟地的领导力，才能开创新的朝代，而后二代、三代也要披肝沥胆，开创"文景之治""贞观之治""康乾盛世"，充分显示其才能和德行，才能让自己的后代坐稳江山，后世的臣民期盼皇帝再显德行光辉，创造"中兴"，但这很难实现，皆因矛盾重重、风雨飘摇的社会形势对统治者的德行有很高的要求，这恰恰不是养尊处优、庸庸碌碌的后世皇帝所具备的。

农业文明塑造的世界观与发源于地中海地区的商业文明塑造的世界观有明显的不同：农业文明的生存，以聚集劳动方式为主要社会塑形方式，其世界观基本取向是社会性的；而商业文明以分散流动方式为主要社会塑形方式，其世界观基本取向是个体性的。

农业文明的群聚性与作物收成及其分配密切相关，族群生活最重要的社会事务是分配食物，包括狩猎采集成果及农作物收成，因此，"公平"成为个人对于族群属性的根本认知。随着生产力的发展，出现了收成与劳动资料占有不均衡的问题，"公平"仍然可以是族群社会事务的基本认知取向。这构成了农业文明塑造的世界观认识社会的主要取向，是东方社会价值观的主要来源之一。同时，追求食物分配的公平始于血缘族群，贤长者具有自然形成的分配者角色，构成了东方社会的领导者角色的社会历史基因。这种基因通过儒家思想被系统化地烙印在中国人的世界观中，"圣人""仁人"是儒家思想对领导者的理想化设定，他们天然具有公平待人的责任。

商业文明的分散性与个体的自由观念形成密切相关。商业文明本质上是生活资料的异地获取和跨区域的物物交换，社会关联方式是交换、交易，社会关系分散，不像农业社会以血缘关系或拟血缘关系为主，"自由"是其世界观的社会历史基因。我们知道，在商业文明中有一种"劫掠他人"的行为模式，这种行为模式其实与"自由"优先的世界观如出一辙，因为"自由"优先的世界观具有自我维护机制而非社会维护机制，当自身的生存环境无法提供适当的交换物品时，劫掠就是"最有效率"的生存方式。当持有"自由"优先世界观的人聚集生活在市镇、邦国时，如何管理社会事务？只能通过选择一个可能代表自己利益的人，西方的选举模式估计就是这样形成的，而东方采用的是有德者治国的模式。发展至今的西方选举模式，是在"自由"优先的世界观影响下出现的一种必然社会形态，但不是唯一的社会形态，而是基于个体世界观的一种自我维护机制。东方的有德者治国模式，不是基于个体世界观的自我维护机制，而是在血缘族群社会或拟血缘族群社会中基于公平的世界观构建的社会管理机制。圣人、仁人必须显出德行，才有机会被推举为统治者，机制是"天降大任于是人也，必先苦其心志，劳其筋骨"，只有证明了自己的德行，才有成为领袖的可能。

不同文明塑造的不同世界观如图 5-2 所示。

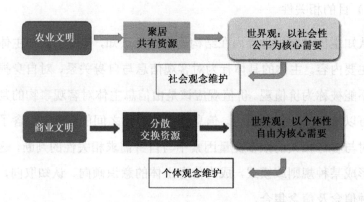

图 5-2　不同文明塑造的不同世界观

5.5　价值观与信息机制

从主客体的关系来看，价值观是认知主体对自身与客体关系进行衡量与调节的有意识活动机制。这里有两重意义：一是价值观是认知主体的主动意识行为；二是价值观是认知主体在考虑其与客体关系的情况下出现的有意识行为。如果价值观是认知主体对客体相关性和价值的评判和选择，那么必然将信息作为主体和客体之间的媒介。因此，从信息论的角度描述价值观，可能更能恰当地反映价值观的内在意义：价值观是信息主体对所获得信息与自身关系、对自身损益的心理状态和评判机制。

1. 价值观与认知特性

价值观是认知主体的意识状态和主观机制，因此，需要分析价值观的认知特性，以进一步认识价值观对信息主体获取信息时所具有的内在规定性。

1）目的相关性

认知主体对客观世界内在结构确定性的认知，构成了认知主体世界观的主要内容。主体的具体行为对客观信息与自身关系、对自身损益的评价不能被称为价值观。价值观应该是由信息主体对客观事物的判断形成的可以被证实的信念组合。信息作为主客体之间的媒介，包含了信息主体对与客体相关的众多变量因素中与自身需求相关性的判断，这种判断会形成某种规则或模式，成为信息主体的意识倾向、认知取向，表现为某种信念及信念集合。

认知主体价值观的目的相关性在无意识层、潜意识层就被确定或标记了。例如，我们的味觉对甜蜜与苦涩信号的识别，嗅觉对香与臭信号的识别，都是受目的相关性意义支配的：甜蜜的食物是我们的身体需要的，苦涩的食物是我们的身体应避免的。因此，价值观包含的美丑、爱恨、亲疏等价值取向，在很大程度上都受目的相关性的影响。"情人眼里出西施""没有无缘无故的爱，也没有无缘无故的恨"等就是对目的相关性价值取向的通俗呈现。

价值观作为表达自身认知倾向、自身需求的信念集合，对人类的行为有导向作用，对人类的行为目的有制约作用。因此，信息主体观察客观世界、获取环境变量所形成的信息，必然受价值观的筛选、约束。这时，信息更多地符合信息主体的价值观，而非更多地符合客观事物的真实有序性。从这个意义上看，信息这一概念，意味着高熵。

信息主体在获取信息时，需要运用知识来审视和理解客观对象的结构，但要使所获取的信号与自身的需求、目的及偏好相匹配，构成符合特定目的的信息，就需要价值观发挥作用。信息主体获取信息的最终目的是满足自身需求。

价值观不仅作为信息主体获取信息的筛选、约束条件，也为评价、衡量信息结果提供标准和尺度。价值观提供的尺度主要是利己性、适用性。利己性以满足自身需求和行为目的为信息评价标准，过滤掉那些对自身不利的信号，让事物朝着符合自身意愿的方向发展。利己性对信息的评价会带来与理性评价的冲突。然而，我们不能期待认知主体获取信息时是完全理性的。即使认知主体抱有某种被验证是正确的信念来看待客体，也不能排除认知主体获取的信息是带有某种偏好的，更不用说在都具备合理性的选项中，我们常常会选择最顺眼的那个和对自身最有利的那个。适用性是认知主体进行信息评价的重要尺度，也是对利己性的一种补充。即使信息是不客观的、不完全真实的，信息主体也会将对自身的有利性、适合性、满足程度作为评价尺度。因此，完整的信息行为不仅受信息主体的世界观的影响，还受价值观的影响。世界观强调信息对客观世界反映的真理性，价值观强调信息与信息主体需求的相关性。

2）社会文化决定性

价值观是认知个体的意识形态，也是社会共同意识形态的一部分。个体的价值观不尽相同，但一定会受到其所在社会的意识形态的深刻影响。一个社会的意识形态的成因是极其复杂的，其形成既受现实生存环境、生存方式的影响，也受社会历史的影响。生存环境、生存方式和社会历史共同构成了社会的生存文化，这 3 个方面都对个体的价值观具有塑造作用。概括而言，人的价值观受社会文化的深刻影响，在某种程度上，社会文化的编码可能是在这个社会生活的个体价值观的基因。

对于"个人自由"问题而言，中国文化塑造的价值观和西方文化塑造的价值观存在明显不同的偏好和价值准则。在西方文化中，个体的自由是与任何社会组织性完全对立的概念，其优先级高于社会组织性，社会组织性必须建立在充分保障个体自由的基础上，如以契约制度为基础的社会组织性。西方的自由价值观建立在非农业传统的社会文化基础上。东方的个体意识形态是在农业社会共同生产、共同分配资源的族群基础上发展起来的，并由血缘族群方式扩展到"拟血缘"式社会文化形态，因此我们的个人自由内涵有别于西方价值观体系下的个人自由内涵。东方价值观体系下的个人自由是相对的，最重要的社会概念"国家"就是由"国"和"家"两种社会形态构成的，"家"反映了血缘性的文化历史，"国"是对血缘社会文化的虚拟化表达。

社会文化对价值观的决定性作用，使得社会共识性价值观具有稳定性和持久性，不会轻易被当下的社会思潮左右，体现了文化的遮蔽性。中华文明形成的价值观，如"天人合一""仁"等，虽然经历了几千年的演变，但由于这些信念是从中国自古以来的生存方式中升华的，所以只要中华文化不断绝，这些价值观就仍然具有生命力。

价值观受社会文化的约束，个体的价值观在信念、评判标准及偏好方面可能存在巨大差异，个体信息价值的取值似乎是离散的。从社会整体的角度来看，社会文化对价值观的影响就像一个系统的基本规则对系统的影响，全体社会信息的价值取值很可能呈现由范围确定的概率分布状态。

3）递归性

在一个社会结构中，每个个体的成长环境都会有差别，因此个体的价值观也会有差别。由于存在社会教育体系的培育，以及相似的生存体验引起的共情积累，所以在相同文化背景下会形成价值观信念共识、理念认同。由于社会存在、社会需求和社会偏好具有复杂性，社会价值观不可能是简单明了的，所以复杂的价值观是以某种标识性、简约性的价值信念耦合不同个体的价值观共识。构成社会成员共识性的社会价值观，可能是由共同的价值、相同的规则或评判准则构成整体社会信息资源的递归函数，作为递归因子的共同价值、相同规则或评价准则，是社会信息资源的重要组成部分。被社会重复套用的价值观内核，对社会舆论、社会风气、社会心态等社会性信息具有导引、评价、放大、缩小作用，最终会引导社会实体发生变化。特别是在互联网和大数据时代，作为信息资源的社会价值观内核套件，会成为社会信息效应的倍增器。

正确的价值观内核套件，会通过互联网在全社会激发大量的正能量信息，带给大众追求真理的热情，带来欢乐或幸福的感觉。互联网也会快速激发和放大带有负能量的信息。

2. 价值观与世界观的耦合关系

价值观在信息主体获取信息过程中，是主观导向性的，即主观衡量客观对象与自身的相关性，以及给信息主体带来的客观损益。对于信息主体而言，需要发现和理解客观对象的有序性或结构性，因此，人们对世界观的基本要求是符合理性或具有理性。价值观则是人类自身需求选择性、自益性的信念集合与信念展开。这两种意识形态，对于人类认识客观世界并在这个过程中获取和选择信息具有规定性作用。

虽然价值观和世界观在人类认识世界的过程中有不同的作用维度，但将两者有机耦合才能有效地完成认知过程。下面用一个经济学理论来说明这一问题。一些西方经济学家认为，市场内部因素的充分竞争是提高企业效率、塑造市场结构和提高市场自我调节能力的基本力量。这应该是这些经济学家通过对市场的观察、逻辑推理及理论论证形成的。经济学家观察并抽取市场中的各种信息，利用经济学理论提供的信息整合模型构建市场模型。经济学家大脑中的经济学理论框架使他们确信市场就是按照这种方式运行的，并把经济自由主义和社会达尔文主义奉为圭桌。经济学家对市场信息的整合和论证，使他们有足够的证据证明他们的理论模型的正确性，其基本信念——经济自由主义和社会达尔文主义就转化为其看待市场的基本价值观。这个价值观就成为他们判断某种理论是否正确，以及市场中的信息是否真实、有效的基本准则。世界观是人们认知活动的基本框架，而这个基本框架对客观对象信息的整合、处理，使认知主体形成对客观对象存在的某种结构的确信，并自然地将其转化为认知主体的价值观，作为评价对象及对象信息的准则。

我国传统哲学经典《道德经》比较系统地展现了中国传统的世界观、价值观，值得我们深度挖掘。这里借用其中的一个思想片段进行说明。

老子说："反者道之动，弱者道之用。"先解读一下这句话的意思。"反者道之动"是说人类的存在、运行之道是反动的。"弱者道之用"是说应该以"弱"的方式来应对道的规律。"反者道之动"是老子对世界运行规律的深刻认知，是老子世界观的产物。今天，当我们借助大信息量及相应的认知模型认识世界时，可以发现，老子早在 2500 多年前对世界运动趋势的断言是非常准确的，甚至可以说是极具洞察力的。热力学第二定律揭示的世界是熵增的世界。"熵"是衡量能量不可用性的一个物理指标。熵增意味着能量的消耗。"世界是熵增的"表达了世界在朝着不断膨胀、相互远离、势能不断消耗的方向运动。人类及其社会的存在、进化和发展，就是对抗熵增、对抗世界基本趋势的运动。按照薛定谔的说法，生命体的生存、进化和发展是不断吞食"负熵"的过程。按照老子的说法就是"反者道之动"。老子的这一思想，是其洞察世界运行规律，并贯穿于《道德经》字里行间的基本理念，是老子关于世界观的思想内核。

《道德经》之所以被称为中国古典哲学思想的巅峰之作，是因为老子对人类社会的运行规律和准则的探究是以对世界的终极追问和基本规律的认识为前提的，因而他的思想具有比较完整的逻辑结构。老子在对世界运行规律的认知基础上，引出判断有关人类社会合理生存和发展的价值观，即人类要如何生存、发展，取决于我们与世界运行的基本趋势的符合程度，不符合这个趋势的，就不是人类社会所需要的，因为它可能导致人类社会走向错误的发展方向，甚至走向毁灭。"德"的原始字义是对道路方向的选择，引申为对价值的判断。在《道德经》篇章中，《德》部分给出了老子对社会运行方式的价值判断，体现了老子的价值观。

下面谈"弱者道之用"。这句话是老子在阐明了其关于人类社会发展的世界观后，将世界观作为价值判断依据，提出了人类社会的运行准则，即"弱者道之用"。"弱者道之用"是在认识世界运行规律后的基本价值选择。"弱"是与"强"相对应的，不主张欲望的过度膨胀。如果人的欲望过度膨胀，必然导致其对自身能力的极致追求，造成社会内部的激烈斗争和资源的过度消耗，它意味着人类社会结构可能高度不稳定并过快崩解，甚至加快人类自身的灭亡。以个人至上、极度利己主义为核心的西方文明，仅用不足 500 年的时间，就把人类逼迫到面临核威胁、基因改造威胁和人造生物替代威胁的悬崖边，这正是老子的价值观要极力避免的人类生存局面。"弱者道之用"的价值观一言以蔽之，就是守弱。守弱，就是以最小的生存代价维持社会构造，以低熵的方式维护社会存在。

从人类文明历史的尺度来看，依据自身生存条件而不过度加载自身需求的社会形态，比超越自身生存条件、过度加载自身需求的社会形态更有生命力。中华文明五千年延绵不绝，与中国社会始终以比较自然的生存形态维持生存需求不无关系。中华文明的生存模式，缔造了中华文明的内敛型、防守型民族性格，这源于对社会内部关系规制性、资源分配内置性和社会治理无为性的追求。这是一种低熵的生存方式，是中华文明具有强大生命力的主要原因。

3. 价值观的信息作用机制

价值观是指向认知主体内在需求和利益取舍的信念集合，认知主体在取舍和评判外部信息时，价值取向往往会胜过世界观的事实取向。最主要的原因是，人类有时可以违逆客观事实，但不会违逆自己的欲望。

价值观是评判事实信息的基本尺度。人类的行为都是具有目的性的，包括个体行为和群体行为。个体行为的目的性通常比较容易分辨，可以根据个体的行为轨迹分析其目的或意图，但有时群体行为目的会被个体行为目的的多样性或差异性掩盖，导致群体行为目的不够清晰。我们应该了解的是，群体行为目的一般会被某种达成共识的价值观调节和支配。

人类行为的目的性，意味着我们通过理性获得的行为事实信息是要服从价值判断的，例如，哪种情况更符合我们的需求？这时，可以采用成本收益计算方法来处理我们获得的行动方案信息，也可以测算不同情况下的可行性，在大数据时代，我们可以通过对大量数据的训练，找出一个比较好的行为模型，但是，对于由经过理性处理的事实数据构成的信息，还是要由信息主体进行价值判断，包括对成本收益的满意程度的判断，对行为路径可实现程度的判断，对由行为风险的偏好带来的风险的判断，对由短期和长远利益、现实和潜在利益等偏好带来的价值判断等。这些价值判断，不取决于我们推理或归纳的关于客观对象的信息的对与错，而取决于事实是否符合我们的需求。事实上，用自己的世界观分析世界，推理客观事物结构，就要符合自身的需求、自身的偏好和自身的价值观。

现代决策理论的提出者赫伯特·西蒙在《管理行为》一书中对人类在做决策时面对的两类信息进行了分析：一是事实信息，二是价值信息。事实信息，即客观对象的结构性信息或有序性信息。其实可以将赫伯特·西蒙对事实信息的定位纳入我们的环境变量概念体系中，即事实信息既是客观的，也是由信息主体的世界观决定的。事实信息为人的行为提供了一个相对客观的、可真实测量的依据。价值信息，即我们对所提取的信息进行的价值判断。赫伯特·西蒙提出，在人的决策中，价值判断总是指向满足人的需求和偏好，既可以把对事实信息的判断引向更高目标，也可以弱化行为的意义。在这个基础上，赫伯特·西蒙纠正了经济学理论中的"理性"原则，认为人类的决策行为是"有限理性"的，因此，决策的标准不是"最优"，而是"满意"。决策的"满意"标准包含价值观等底层逻辑。

4. 价值观是错乱环境变量中选择信息的信念

人们从外部环境变量中获得正确的信息，主要依靠既有的经验、知识，特别是由自己的世界观构成的认知模式，如公理、数学模型、基本逻辑及某些经过验证的信念。

在一些人的世界观体系中，数学结构和基本逻辑多是初级的、不连贯的，甚至是包含错误的。

即使世界观体系中的基本逻辑健全、知识储备完整，人们可能依然无法从外部环境变量中获取可靠和完整的信息。赫伯特·西蒙在探讨有限理性时也探讨过这个问题。受获取信息的成本及人的能力局限等因素的影响，人们在决策前无法获得全面完整的信息。因此，赫伯特·西蒙的逻辑结果是有限理性的。

过去，受信息传播工具、载体和构成方式的限制，人类面对的信息局面主要是信息短缺。近代，图书、杂志、报纸等各种形态的信息工具使人类具备了比较充分的获取信息的条件，而且人们也愿意探索能为获取信息提供有利条件的手段，如图书、文件分类法的普遍采用，对信息主题的标引，对信息组合的著录等。即便如此大费周章，人类还是会面对信息短缺的局面，原因在于，信息是具有目的性的，也就是说，每条信息或每组信息都有特定的目的"磁性"，它的要素成分也带有目的"磁性"，而书籍、文档上记载的"信息"，对信息主体而言还不是信息，因为它们不带有目的"磁性"，只能称之为数据或信息资源。分类、标引、著录、文摘、目录等都可以为创建信息"磁性"提供必要条件。

创建信息"磁性"的过程，即赋予信息符号以名称、性质、时空关系等概念的过程，信息符号既反映客观事物的结构和关系，又体现信息主体对信息价值的判断。这种价值判断是决定数据或数据集是否能成为信息的主要条件。

我们对档案工作者的职业属性有很多种不同的认识，其中最不显著却最为核心的是"未来信息的选择者"。为什么这样定义档案人员的职业属性呢？试想一下，档案的性质是什么？简单来讲，可以表述如下：预备未来使用的当前的信息集合。那么，档案工作者的职责就比较容易说清楚了，就是站在未来的某个时刻，以未来的视角选择评价当前的信息。未来我们需要什么？未来利用信息的目的是什么？应该选择哪些信息？当前信息的价值如何？未来这组信息的价值有何变化？针对未来的需要，信息的形式、形态和结构关系如何？这些选择必然是以选择者的价值观或选择者所代表的社会组织的价值观为准则的。

进入互联网和大数据时代，人类所面对的信息局面可以称为"信息淹没"。大数据时代最重要的信息状况不是数据量的急剧增大，而是数据离散性的增强。人类在努力适应这种状况，开发了人工智能、机器学习、智能搜索等多种适用技术，以解决数据量急剧增大带来的问题，然而，这些适用技术本身却进一步加剧了数据的膨胀进程。这是因为信息是目的指向型的，而膨胀的数据却是高度离散的，信息容易会被淹没在数据海洋中。

"信息淹没"局面，使得信息主体的价值观在信息合成中具有了更突出的作用。一方面，体现信息主体价值观的某些信念会更充分、更直接地参与机器学习体系对数据的筛选、整合过程。有人认为，"强机器学习"指机器自主发现数据结构和数据特征。这是对"强机器学习"的错误理解。"强机器学习"的自主性其实是隐含着更长目的链的高端价值取向和判断。例如，有的机器学习目标是发现数据中包含的某些偏差值，"强机器学习"可能需要找到数据的均衡性特征，以发现数据集与特定目的的整体相关性。

另一方面，"信息淹没"局面可能使得信息主体的某些价值取向对外部环境数据具有更强的聚集性或意义带入性。现代信息技术手段使数据的离散性问题日益突出，外部环境变量与信息主体的相关性必然弱化，在丰富的数据海洋中提炼符合特定目的的信息的难度会不断增大。当然，人们依然可以采用传统的分类、著录、摘要和知识工程手段来克服"信息淹没"挑战，增强外部环境变量与信息需求的相关性，但是信息手段的精细化会使数据的离散性特征被进一步强化，这也是一种必然趋势。

在"信息淹没"局面下，某些信息效应值得关注。

第一，按需定制。"按需定制"是信息主体在面对错综复杂的外部环境变量时有意识地主动做出的信息选择。无论主观上是否坚持理性、追求真理，面对错综复杂、离散特征明显的外部环境变量，按照自己的价值取向、偏好来筛选、评价和组合信息，都是可行的，可以称为"按需定制"。在"按需定制"模式下，信息主体的世界观中的理性思维与模式，也会成为被其价值观确信的理念进行定制、调用和调整的对象，信息主体按照自身的价值取向和偏好修正理性模式是自然行为。

按照理性逻辑按需定制的信息可能会远离事实，更远离真理。但人们又常常将其作为首选，原因在于环境变量数据的离散性会严重扩大信息主体对环境变量因素的认知偏差，从而为符合需求的变量赋予存在较大偏差的价值和意义。可能造成的信息局面是，每个"摸象者"都会坚信按照自己需求变量转化的信息一定是有效的；在很多时候，信息获取者也无法对信息证伪，主观上就会认可相关信息的有效性。同时，环境变量数据离散性的增强，可能会夸大或扭曲行为与后果评价信息的相关性。例如，由于高频性导致不同变量之间出现"伪因果性"；局部变量的异常涌现导致数据之间出现"伪相关性"。这些现象表明，环境变量数据的离散性会导致小数据背景下的理性逻辑的短暂失效。

在网络媒体上，"按需定制"现象比比皆是，一些主播会使用"按需定制"的技巧。

消费者有时会购买与自己的需求不一致的商品。主播直播的商品和消费者之间的契合要素可能是错综复杂的，主播会利用自己的影响力，向客户输出商品完全符合客户需求的信息，让客户相信，从而做出购买行为，并可能为所购买商品附加主播传递的某种价值观。当前，互联网上普遍存在"按需定制"现象。

第二，细节至上。面对外部环境变量离散性较强的状况，信息主体可能会观察到更多细节，同时，信息主体也会由关注对事物整体的价值评判和取舍转向关注事物细节的价值和意义，从而影响人们对事物整体的价值判断。

人们的价值观体系的形成依赖"目的链"，由"目的—信息"关系单元构成的树状结构将人们的认知活动导向高价值。同时，由"目的—信息"关系单元构成的树状结构的顺畅运行，在很大程度上使人们的认知不会被局部信息左右，而是将其导向总体信息。在信息匮乏的时代，人们有时甚至会主动模糊或舍弃细节信息，而努力把握事物发展大势，这已经被培养成一种认知本能和认知需要。近一百年，人类在科学上鲜有类似牛顿学说、爱因斯坦学说的伟大发现，与人类更关注宇宙的细节有一定的关系。

在互联网上，信息的离散性被自由分布式、平行节点式网络结构承载，这种网络结构的形式化和具体化特征加剧了信息离散化趋势。某个特定的信息主体看到和得到的都是主题不明的信息片段。在这样的信息环境下，人类的认知结构会被逐渐改造。首先，人们所依赖的具有树状结构的价值观体系会逐渐消解，它会逐渐丧失汇聚信息及引入高阶认知的作用。碎片信息会淹没、堵塞人们逐级评价、汲取和汇聚信息的能力。其次，具有树状结构的价值观体系的失效可能会带来网络"群氓效应"。当前存在以碎片化信息、平行网络节点、不确定网络关系为特征的互联网生态，对处在每个网络节点上的信息主体来说，其价值判断被阻塞在具体的、现实的价值判断层面上，缺少高级的、整体性价值理念，信息主体在网络节点上获得信息的方式越自由，自主性就越弱。反过来也成立，获得信息的自主性越强，自由度就越弱。自主性是与信息主体价值观体系的确定性和稳定性密切相关的，在海量信息的冲击下，信息主体很容易迷失，也很容易被有意识的控制者左右。

5.6 《道德经》带来的思想启示

《道德经》对中国文化的塑形有深刻的影响。人们对这部经典著作有各种解读，社会治理者将其中的理念作为治理的主导思想，哲学家根据其构建意识形态。总之，对《道德经》的解读是五花八门的，但不可否认的是，《道德经》体现的思想早已经渗入中国文化脉络，成为中国人看待、评价自然世界和人类社会的尺度，影响着中国人看待世界的方式和对生存方式的选择。

《道德经》共八十一章，大致分为"道"和"德"两部分。用现代的观点阐释，"道"是阐述人的世界观及其运用方式的，"德"是阐述人的价值观及其运用方式的。老子用"道"探讨自然规律，并将其作为"德"的逻辑前提。《道德经》作为古代经典，受当时的认知水平和信息量的限制，既包含真知灼见，也存在谬误。我们不对《道德经》全书进行评

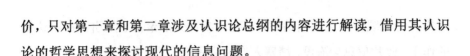

价，只对第一章和第二章涉及认识论总纲的内容进行解读，借用其认识论的哲学思想来探讨现代的信息问题。

一、老子的世界观总论

《道德经》的第一章：道可道，非常道。名可名，非常名。无名，天地之始；有名，万物之母。故常无欲，以观其妙；常有欲，以观其徼。此两者，同出而异名，同谓之玄，玄之又玄，众妙之门。

这是《道德经》中的世界观总论，阐述了人的世界观及其运用方式。

"道可道，非常道。"老子认为，客观对象或外在本体是可以被认知和描述的。但是，我们在阐述这个外在本体的"道"时，会有主观意识参与其中，客观也就不那么客观了，"道"就不是那个"恒常不变"的"道"了（在马王堆汉墓出土的汉代帛书版本中，"常"字也写作"恒"字，因为字意相通，这里仍用"常"字）。我们可以这样理解老子的意思：老子承认存在恒常不变的、客观的、不以我们意志为转移的"道"，同时也认为，一旦人们去认知、描述这个"道"，这个"道"就是主观上的"道"，而非"恒常不变"的了。因此，从《道德经》的第一句就可以得知，老子的认识论是二元的。

接着，老子阐述了他的认识论的"二元观"："名可名，非常名"。这句话表达的意思是，既然我们要表述的"道"并非那个"恒常不变"的"道"，那么，对这个道的命名、定义、描述和认知结果，自然就不是那个"恒常不变"的客观事物了，而是经过信息主体处理的事物。老子所说的"名"，用现代观念解释，就是认识论的信息过程，主观提取客观信号，以对客观对象进行描述、定义、命名，这就是对事物"名"的行为，这个过程就是信息主体从客观对象处获取信息的过程。客观事物有了"名"，即信息主体从主观上对客观对象进行了某种程度的结构化处

理，并将其抽象概括成为主观认知。这是必要信息过程，也是现代信息
处理的基本过程——事物无名则无法对其进行获取、获知，既不能辨识
事物的内在关系，也不能了解和确定事物的意义，也就无所谓信息了。
当然，老子在阐述这些观点的时候很可能不会表达得这样具体，也不会
以大量的信息为基础，给出的应该是思辨的结果。这里要强调的是，信
息是人类认知过程不可或缺的媒介，信息过程含在人类认知过程中，对
认识论的阐述必然以信息过程为基础。按照老子的观点，因我们主观行
"名"之事所获得的信息，也不是原本的、恒常不变的客观实在的"名"，
而是被我们的主观加工过的"名"，即对客观世界进行描述、定义、命名
的信息其实是在我们的世界观、信念和思维模型等的作用下形成的，是
带有强烈的主观色彩甚至主观偏见的。老子的这一观点提示我们，认识
论中的信息过程是一个必然的主观过程，所获得的信息，绝不是对"恒
常不变"的客观世界的完全准确的、不偏不倚的客观描述，而是由主观
规定了的描述，信息是主观的产物。这就是在老子认识论下的信息本质。

　　老子进一步阐释了信息的主观范畴属性。"无名，天地之始；有名，
万物之母。"这是老子对客观世界与主观世界边界的论断，即以人的意
识存在、人主观具有的感知能力为主客观边界。在被主观感知之前，客
观世界处于自在状态，也许空无一物，也许是尚未开始的状态，即"无
名，天地之始"。当人开始感知世界时，世界就按人的意识开始演化，人
开始获取其信息、描述其属性、辨别其异同、概括其意义、确定其名称、
对其分类，这是认识事物的不二法门，也是基本的信息过程，这个信息
过程即"有名，万物之母"。可以将这个论断概括为客观世界始于无识、
无知之时，人依托知识对万物进行辨识、分类和命名。

　　接着老子阐述了两类认识方式，主观对客观的干预程度决定能获得
何种客观信息。"故常无欲，以观其妙；常有欲，以观其徼。"对该论断
历来存在不同的解读，有的学者认为，这句话指的是人的精神的"动静"

状态。"静"是"常无","象征天地未始,万物方静。在常无的境界下,可以回归到最原始、最质朴、最真实的状态,……只有常无私无欲,才会体悟道的玄妙。""'常有欲,以观其徼'是指人有了自己的主观意识,就能观察到万事万物生长变化之道,这称为'徼'"[1]。笔者认为上述解释是不符合《道德经》第一章作为老子认识论总论的思想的。正确的解读还是要沿着认识论的思路来进行。

该怎么解读呢?可以将"常有欲、常无欲"之常看作老子对客观世界性状、规律的指代,是恒常不变、不以主观意识为转移的。"欲"指人的主观个体之欲、人的主观意识。如果仔细体味老子论断的原意,可以更宽泛地解读这里的"欲",它的意义应该是人在有主动意愿去认识世界时所具有的主观智识和价值观。那么,"故常无欲,以观其妙;常有欲,以观其徼。"就可以解读为:不带有个人主观意愿观察世界,才可以比较客观地了解事物原本的、固有的精妙结构和自然的变化规律;而带有个人主观意愿观察世界,得到的信息则是带有主观意识的信息,这些信息反映的客观事实是主观的。这样的解读与《道德经》第一章的意思一致,与前面关于主客观世界边界问题的观念相连,更接近老子的原意。

老子意识到了在认识论中的主观困境及二元边界问题。客观对象经过主观的观察和描述,已经是"非常道""非常名"了,那么如何能使人们的认知不至于与客观事物相差太远呢?老子的观点是"无欲",即在观察客观世界时,不带有更多主观意识,才能观察到客观世界之"妙"。这也是老子"无为"价值观的逻辑来源(见《道德经》第二章)。但是,这与老子自己的观点是矛盾的。既然经过主观意识处理的"道""非常道",由主观意识定义的"名""非常名",那么怎样剥离"道"和"名"的"欲"呢?显然再如何"无欲",也是无法避开"非常道""非常名"

---

1. 吴诚真. 道德经阐微[M]. 北京:东方出版社,2016.

中的主观性的。这也是现代认识论和信息论发展面临的困境，我们如果将"非常道""非常名"作为认识论的前提，那么对象信息的完全客观性在逻辑上就是矛盾的，同时，主观所追寻的"道"确定的"名"又需要是客观的"道"，只有完全反映客观的"名"，我们的正确行为才有依归。显然老子构建的世界观实现途径区分了真理的认识途径"观妙"和一般的信息认识途径"观曒"。

接着，老子对这两种认识途径的关系和意义进行了论述："此两者，同出而异名，同谓之玄，玄之又玄，众妙之门。"意思是说，虽然信息主体对客观对象的"观"法不同、信息不同、命名有异，但其实描述、表示的可能是同一个对象。虽然我们对事物的命名不同，但是它们具有同一性，即"玄"。何谓"玄"？苏辙云："凡远而无所至极者，其色必玄"（《老子解》）。范应元云："玄者，深远而无可分别之意"（《老子道德经古本集注》）。沈一贯云："凡物远不可见者，其色黝然，玄也。大道之妙，非意象形称为可指，深矣，远矣，不可极矣，故名之曰玄"（《老子通》）。上述解释说明了"玄"字的形与象，但对老子借"玄"字的形与象所表达的"意"，还缺少一些说明。老子所指的"玄"应有表达事物同一性的意图。来者去者都可谓之"玄"，老子说的"玄"，其实有从深远的来处来，向同样深远的去处去之意，即事物永不停歇地变化。变化是万事万物的同一性，无论是"无欲"而观事物的真实的、精妙的结构，还是"有欲"而观的符合需求的事物的特殊性、功用性，其同一性就是"玄之又玄"，永不停歇地变化，这是看待万事万物的途径，即"众妙之门"。

"此两者，同出而异名，同谓之玄，玄之又玄，众妙之门。"对这句话还可以有不同的解读。"有欲"与"无欲"两种认知方式是以相互作用、螺旋上升的方式推动认知过程发展的，即"玄之又玄"。这种螺旋上升的方式是开启认知事物的规律、结构和有序性等"众妙"的门。

合起来就是"玄之又玄、众妙之门"。如果不用现代认识论来解读这些文字，很难清晰地理解其中蕴含的深刻思想。虽然《道德经》中的内容缺少规范、清晰的逻辑论证过程，但这些富有哲思的洞见对于我们运用大量信息构建科学的认知模式和建立正确的世界观，仍然具有借鉴意义。

老子通过"非常道""非常名"明确表达了他关于真理主观性的论断。同时，老子也告诉我们应如何接近客观的"道"，即"常无欲，以观其妙"。但老子提供的途径显然是不可行的。近代，在哲学和科学方法论上，人们似乎解决了"真理"的认知问题，也在一定程度上达成了共识，但这个问题并未被彻底解决。真理的获得需要采用具有自洽性、他洽性的逻辑，并利用大量信息进行论证，以可以自洽的公理、数学模型来处理和整合大量信息，从而构建客观模型。这与老子的"常无欲，以观其妙"具有逻辑一致性。但以老子的"有欲"和"无欲"区分观察结果，是无法保证观察的客观性和观察结果的真理性的。

对客观对象的观察与不观察的概率分布的差异是一个难题，我们没有能力解答该难题，还是回到对老子的两种认识途径的探讨上来。虽然老子提出的以主观意识强度判断观察的客观性和观察结果的真理性的方式是行不通的，但是有必要探讨人们通过观察所获得的信息是更具有客观性的信息，还是更符合观察者需求的信息。

人们追求真理是有条件的，因为主观与客观之间永远存在差异。在现实中，信息主体从客观对象处获得信息，不需要也没有条件去验证每条信息的真理性。信息主体只需要根据具有共识性的知识进行一定的评判，就可以将其纳入自己的信息目的体系，使其为自己所用。大多数信息其实是信息主体依据自己的世界观和价值观判断、筛选的不一定具有共识性的信息，或者以既有的共识性知识体系衡量的具有不确定性的信息。这些个性的、非共识的、不确定的，但符合信息主体意愿的信息，应与老子提出的带有个体意识、智识的"有欲"观察所得是同构的。从这个意义上讲，老子所指的"有欲"观察所得，其实就是现代概念体系中的"信息"。老子所指的"无欲"观察，对应的现代概念是"数据"，数据是事物运动的特征值。虽然数据也是人们的主观产物，但它以客观事物的特征为特征，而不以指向主观意愿、与特定目的具有高度相关性的特征为特征。当然，为了更客观、真实地反映事物的有序性和结构性，人们可以依赖信息主体所具有的逻辑体系、公理体系等共识性思想架构，对数据进行整理、组合、推理，使其成为能精微地反映事物结构的信息，我们称之为知识。这些知识又成为整理分析根据个体意识、智识获得的信息并形成新知识的依据。这个过程在知识论中被定义为"外化"，其由内而外、由外而内的循环往复、螺旋式发展，是深入认识世界的基本途径，用老子的"玄之又玄，众妙之门"来概括这种途径是相当通顺的。

对于老子提出的两种认识途径，从信息论的角度，可以将其结果分别定义为信息和知识。两者的主要区别在于，知识以具有共识性的公理和逻辑（除了共识性，公理和逻辑还有其他内在属性）为前提，而信息是个体基于世界观和价值观对客观对象进行观察得到的。当然，个体的认知能力也需要具备公理和逻辑上的共性，但获得的结果必然是个性化的，信息主体之间是存在差异的。

老子提出的两种认识途径也为我们从认识论的角度思考信息、知识的形成途径提供了启示。

① 知识的形成过程以公理和有效逻辑为前提。

② 因为知识不是绝对真理，而是共识性认知结果，所以科学结论是可以被证伪的，是动态正确的。

③ 信息过程是以个性意识、知识为前提的。

④ 信息过程需要信息主体学习、掌握具有共识性的认知方法，如理论运用能力、逻辑判断能力、数学建模能力等，这种通过个体理性得到的信息结果，需要进行共识性论证才能成为知识。

⑤ 信息主体的世界观、价值观存在差异是必然的，因此，信息是个性化的；个性化信息是知识体系异化的基础。

老子提出的两种认识途径的转化可以在信息与知识的转化方面为我们带来一些启示。

共识性认识在使人们获得真知灼见的同时，也可能使人们陷入"理性藩篱"或"信息茧房"。认为以共识性认识基础，就一定能得到正确的信息，殊不知，参考系的变化可能导致原有认知结构的崩塌；一些因素的变化也会使信息结果部分或全部变化。而具有确定性的认知，恰恰可能对人们获得动态的不确定的真实信息产生限制。知识的形成离不开对大量信息的积累、说明和验证，即需要将个性化的、不确定的信息转化为具有共识性的、确定的信息；而具有共识性的、确定的信息也可能成为固化人们主观认知的锁链，让人们无视通过个性化观察得到的不同的事实，信息主体获得的个性化信息，可能是片面的、残缺的，但也许这些信息是打破藩篱、产生革命性认识的依据。确定性知识结构会成为一种约束，而且这个结构越完善，对人的思想的桎梏作用越大，因此，需要保持思维的活力。

老子在《道德经》第一章中阐述了他的认识论基本思想，我们可以将其视为老子的总体世界观。其表达了老子对世界的总体看法、如何看待世界、看待世界的不同途径。老子虽然认可客观世界的存在，但极力强调世界是被主观表述的世界，而不是恒常不变的客观世界。在这样的观念下，他阐述了对世界的不同认识途径及其关系，这对我们研究信息的认识论结构具有重要启示：信息是信息主体对客观对象的描述和定义；对万物的分门别类是主观与客观的分界，也是认识世界的起点；对世界的认知信息既包含共性信息，也包含个性信息；共性信息客观解释了世界的精微，个性信息是突破既有认知的发端，个性信息以共性信息为基础，个性信息与共性信息的转化过程是螺旋的，即"玄之又玄，众妙之门"。

二、老子的价值观总论

《道德经》的第二章：天下皆知美为美，恶矣；皆知善，訾不善矣。有无之相生也，难易之相成也，长短之相形也，高下之相盈也，意声之相和也，先后之相随，恒也。是以圣人居无为之事，行不言之教。万物作而弗始，为而弗志也，功成而弗居也。夫惟弗居，是以弗去。

这是老子对其价值观的总体概括，是《道德经》中的价值观总论。

1973 年，马王堆汉墓出土了两部手抄本帛书《老子》。专家考证发现，其中的甲本文字没有避讳"邦"字，乙本文字避讳了"邦"字而没有避讳"盈""恒"字，据此判定这两个帛书的成书时间大约是汉朝初期。汉朝初期正是黄老之学兴盛之时，作为汉朝主要政策思想的《老子》自然会得到重视，手抄本应该散布很广。这次出土的两部手抄本帛书，都是德经在前，道经在后，有专家据此推测《道德经》原本是《德道经》。

仅从《道德经》的内容来看，帛书将阐述社会人伦秩序的德经置于前。《道德经》第一章就阐述了如何认识客观世界的世界观问题，可以视为老子的世界观总论；第二章的主旨也是很清晰的，阐述了如何品评世界万物，可以视为老子的价值观总论。

《道德经》第二章阐明价值通过比较体现，如果没有事物之间的比较，价值就无法体现。老子列举了一些例子："有无之相生也"为是否判断；"难易之相成也"为繁简判断；"长短之相形也"为尺度判断；"高下之相盈也"为水平判断；"意声之相和也"为表里判断；"先后之相随也"为因果判断。

那么，如何运用这些判断准则呢？老子认为，上述判断准则都是自然恒常的价值尺度，因此，"圣人居无为之事，行不言之教"指在主观上不要过度或强行介入这些自然恒常的价值尺度，不要过分把自己的意愿添加到对客观事实属性的判断中，要由事物的自然进程给出判断。老子的这种无为价值观与其"故常无欲，以观其妙"的世界观具有一致性，在一定程度上反映了老子对人类认知能力的不信任。这也恰恰是老子的认识论在处理主观和客观的关系方面不够严谨的地方。老子既认为"道"与"名"都是人类的主观映像，又想以无主观意识干预的视角去观察和描述事物，以构成对事物的客观认识。这是一种认识论的悖论。

信息主体从外部世界中获取的信息，必然受存在于主体意识中的世界观和价值观的深刻影响和约束，因此是不可能获得绝对客观的事实信息的。同时，老子提出的恒常不变的客观价值尺度也是不存在的，虽然个体的价值观需要向具有社会共识性的价值观靠拢，以使受个体价值观影响的个性化行为不至于过于偏离一般准则，但价值观与信息主体的生存取向密切相关，因此信息主体的价值尺度是高度个性化的，所获取的信息必然也是个性化的。

《道德经》为我们研究信息论带来了一些启示：信息主体获取信息要具备一定的认知能力——由逻辑能力、分析能力、数学能力等构成。信息主体获取信息的过程受价值观的深刻影响。价值观包括意识深处的是非判断、美丑判断、善恶判断、益损判断、优劣判断、用废判断、难易判断、多少判断等。价值观关乎信息主体在对客观对象进行描述和定义时的倾向、观察的视角、信息选择的尺度；价值观是信息主体对世界观的运用准则，可以作为认知主体对信息结果的评判标准。很多著名的数学家和物理学家在评价自己构建的模型是否成立时都会衡量这个模

型是否具有美感。

老子主张价值观的客观性，强调"圣人"（《说文解字》："圣，通也。双耳通顺"，意为信息通达之人）"居无为之事、行不言之教"，即信息通达之人在进行价值评价时应尽量少用个人意愿代替客观标准。但是，价值观本身就是信息主体以自身的生存意识为底色形成的信息评价标准体系，怎么可能是完全客观的、以"道"的延伸属性评价万物呢？老子的观点是，万事万物自有其始终圆满的恒常，事物发展的进程和方式是不需要主观意识干预的，事物达成圆满也不是主观意识干预的结果，按照老子的论断："万物作而弗始，为而弗志也，功成而弗居也"。因为不把执意而为的主观评判加载在事物发展的进程中，所以不会偏离正道过远，即"夫惟弗居，是以弗去"。老子的价值观基本逻辑如下：事物的发展自有其内在规律，人不应以其主观意识强行干预事物发展进程。如果从事关人类生存发展的逻辑层面来看，老子的这一观点是具有穿透历史迷雾的深刻洞察力的。

虽然老子主张的纯粹客观是不现实的，但价值评判需要一个最高评判准则。

现代决策理论的提出者赫伯特·西蒙把用于决策的信息的来源分为两个：事实因素和价值因素，与信息主体所具有的世界观和价值观对应。按照赫伯特·西蒙的解释，"事实命题是对可观察的世界及其运作方式的陈述"。赫伯特·西蒙没有给出价值命题的明确定义，认为它与人的主观评价相关，但他强调任何推理都不能由道德命题推导出事实命题[1]。赫伯特·西蒙把价值观评价与决策目的联系起来，意味着决策其实是对人的主观意愿的满足程度。

既然人的价值意愿是主观的，那么人的价值满足程度是相对的，

---

1. 赫伯特·西蒙. 管理行为[M]. 詹正茂，译. 北京：机械工业出版社，2004.

如何评价决策信息所代表的行为是否符合人的价值意愿呢？赫伯特·西蒙提出了手段—目的模型，力求使价值评价可以由人的本源性价值导出，就像老子追寻恒常不变的客观价值一样，但赫伯特·西蒙的手段—目的模型符合认识论的逻辑，更具可行性。他写道："对某些目标的评价必须依赖一些更远大的目标。这个事实导致目标具有层级结构，每层都是其下层的目的，是其上层的手段。在这样的层级结构下，行为得以保持完整性和一致性，因为每个备选行动方案都使用综合的价值尺度。"

在现代社会，通过价值观取得具有一致性的信息，进而使行为的目的能够成为最终的价值准则，需要使不同个体形成共识性价值观。赫伯特·西蒙也注意到了这一点，他认为由于社会分工的存在，不同社会分工下的目的不同，在客观上通过手段—目的模型形成目的上的共识是比较困难的，但是如果不能整合不同社会分工下的目的，就不能把价值作为衡量整体系统决策行为的尺度。

要使不同个体形成共识性价值观，需要构建相应的社会管理制度，具有有效的共识性价值观形成途径，是提高社会治理效率的重要前提。共识性价值观的存在模式如下。

（1）中心价值模式：在该模式下，中心价值观具有共识性，中心与边缘不间断地进行沟通，以实现价值观内容的不断优化，并保持中心价值观的动态覆盖，维持价值观对中心的趋向性，从而提高社会运行效率。

（2）独立价值模式：在该模式下，不同价值观并存，存在表面共识性价值观，不同的社会群体的价值观差异较大。在做决策时需要进行临时性沟通，形成短暂的、不稳定的、动态的共识。当社会群体的价值观与表面共识性价值观的一致性程度较高时，可以具有较高的社会运行效率。

（3）无中心价值模式：在该模式下，社会价值观以高熵状态存在，中心价值观模糊，不具有社会趋向性，社会信息沟通混乱低效，难以形成共识，社会运行效率较低。

（4）寡头化价值模式：在该模式下，通过高度发达的信息工具，使某种价值观高度集中，并通过信息的单向传播，对部分社会群体长期压制或饲喂，以实现对其价值观的塑形。

当前，信息技术快速发展，价值观对信息的形成过程及信息行为的影响与老子所在的社会发展阶段存在巨大差异，但老子对价值观及其运用途径的论断仍然具有启示作用。虽然现代决策理论更符合认识论逻辑，但当按照这一逻辑把价值准则引向有利于人类生存的最终目标时，就自然到达了老子价值观中的主观与客观边界，老子提出的以客观的自然价值准则为最高价值准则的思想，现在看来确实是人类生存的根本准则，可见老子思想的深远和伟大。

第 6 章

信息资源的社会机制

6.1 信息过程与信息资源效用

人们的思想活动和行为活动都必然包含信息活动，行为活动依靠信息活动，信息活动为思想活动提供素材，观察自然和社会、阅读文献、进行科学实验、交流沟通等都是信息活动。其实，可以将很多行为着作信息过程，如某位投资者购买股票的行为，投资者要了解与股票相关的经济形势和行业动态、股票所属企业的经营状况，以及财务、技术、产品、客户等关于企业成长、发展的信息，还要观察该股票的长期和短期表现；在发出交易指令后，需要了解成交情况，如果未能完成交易，还需要进行调整并发出新的交易指令，直到完成交易。这一系列行为都是信息过程。

随着经济社会活动的发展和技术的进步，物质生产活动效率的提高不仅使人们开展信息活动的能力逐渐高于物质生产活动能力，还加快了物质生产活动被替代的速度。2020 年，美国的 GDP 总量为 20.955 万亿美元，其中第三产业（服务业）创造的 GDP 高达 17.065 万亿美元，占 GDP 总量的比重约为 81.5%。2021 年第一季度，我国的 GDP 总量为 24.93 万亿元，第一产业增加值为 11332 亿元，第二产业增加值为 92623

亿元，第三产业增加值为 145355 亿元。

需要说明的是，第三产业活动不等于信息活动，其增加值在 GDP 总量中所占的比重也不等于信息活动的贡献率。但是，第三产业增加值在 GDP 总量中所占的比重可以反映物质生产活动效率，所占的比重越高，意味着物质生产活动的效率越高，信息活动对整体经济社会活动的渗透力、扩张力和影响力越大。该规律与经济社会活动中信息过程发生作用的机制密切相关。

1. 信息过程

怎样理解信息过程呢？

信息过程是行为主体对客观对象及其属性进行感知、认识、描述和记录的过程。对信息过程的定义和描述必然以信息为核心。无论是在社会上，还是在与信息相关的领域中，都没有关于信息的统一、清晰的概念。因此，为清晰描述信息过程，有必要先对信息的概念进行分析，目的是说清楚什么是信息过程，为读者提供一个可以接受的信息过程概念。

第一，应该存在一个获取信息、利用信息或发出信息的主体，这样信息才有意义。要讲清楚这个问题，需要用到哲学思维。

信息是主体对事物的感知和描述，这意味着在信息中存在主体与客体。主体指获取信息及其效用的一方；客体指主体面对的所有对象，包括客观世界、主体本身，以及主体与客观世界的关系。

对于信息主体而言，信息为其意识带来了不确定性，增加了出乎意料的感知内容，所以可以说信息是熵，或者说信息具有一定的熵。信息熵是在信息主体的特定需要与客体普遍和广泛存在的无序性建立联系时必然产生的。原因在于信息主体具有一定的目的，而信息客体是不断变化的，我们的意识只能将感知局限在一段时间或一个静态的时间截面内；而且，人的意识所感知的世界是对真实世界的概率性近似，因此对于信息主体而言，信息必须与其特定需要相符，即没有主体的特定目的，就没有所谓的信息。信息过程的起点是信息主体产生特定需要，终点是信息主体的特定需要被满足。

第二，信息客体是信息意义的来源，包括客观世界、主体本身，以及主体与客观世界的关系。客观世界是由特定的结构和机制构成的，表达客观世界的结构与机制的其实是信息，是物质自身的存在方式，是所有物质及其变化的自在信息。生物的基础 DNA 是由 4 个碱基符号组合表达的信息，它表达了生物的基本结构、功能和机制；量子的测不准原理，实际上表达了量子的某种自在模式（与我们的确定性意识无关）；量子层级的物质形态的基本存在模式是概率性的，其部分为人类所认知，有些是错误认知，而概率性的存在模式就是信息。只有将表达客观世界的结构和机制的信息与能量结合，才能呈现丰富的、具体的、实在的客观世界。

信息客体具有内在信息性，或者说以内在信息为存在基础。这些内在信息与人的意识无关，是维持客体存在的必要信息，具有普遍性。对于普遍存在于我们意识之外的自然自在的"信息"，我们勉强称之为信息态。在这个概念中使用"态"而不使用"体"，目的是与信息学中"形式化的概念体系"的"本体"相区别。其实，用"信息体"这个名称可能更恰当，但为与通行的概念相区别，只好用"信息态"来表达。

信息客体内在的信息态，不仅指客观物质包含的结构和机制等，还包括物质运动的所有形式和形态。作为信息概念结构中的客体，信息态还包括信息主体本身，以及信息主体与客观世界的相关性。由此可知，信息主体为满足特定需要获取信息的过程，本质上是对信息客体的内在信息进行感知、描述、定义、记录和表达的过程，这个过程就是信息过程。

由于信息来自信息主体对信息客体内在信息的感知、描述、定义、记录和表达，所以信息态成为信息主体感知的目标，与自然自在的信息态相对应，可以将信息主体完成信息过程的结果称为信息体（这里对应"本体"一词）。信息态与信息体居于信息过程的两端，由信息主体通过信息过程进行转化，但信息体与信息态之间的近似永远是概率性的。早在 2500 多年前，老子在《道德经》的开篇中就深刻阐明了两者之间的关系："道可道，非常道。名可名，非常名。"我们的意识可以感知、认识世界的内在规律，即自然自在的信息态；但那已经不是原本的信息态了，而是由我们的意识通过信息过程转化的信息态，而非原本的自然自在的信息态，这就是所谓的"道可道，非常道"。对客观事物进行"名"，就是对客观对象的信息态的感知、描述、定义、记录和表达，"名"是一种行为，即信息过程。老子还指出"无名，天地之始；有名，万物之母"。即天地宇宙及其运行规律不依赖人的意识存在，无论我们是否感知它，它都存在。人们感知客观世界，通过信息过程对万事万物进行分类、命名并为其赋予概念。"有名"的万物，其实是信息过程的结果——信息体。信息过程没有创造自然自在的信息态，而是通过信息主体的主观活动创造了符合我们需要的信息体。

第三，作为信息客体，客观事物不可能主动向我们呈现信息态，即使信息客体是人类自身，对信息态的获取也必须由信息主体通过信息过程实现，即信息主体通过感知、分析、描述、计算、定义、结构化等一系列信息行为，部分地或概率性地使信息态转化为信息体。

如前所述，信息过程具有目的性特征，而由目的性导致的信息特定性与信息客体无限性是信息具有高熵的根本原因。因此，在信息过程中，必须有获取、分析、描述、定义、表达等"校正高熵"的信息行为，这样才能形成满足信息主体需求的信息。"校正高熵"的信息行为以信息资源为主要参与要素。

信息资源本质上是人类为对抗熵增定律、维持生存而有意识地积累的负熵。对于信息主体从信息客体处感知、获取的信息，在未知其与主体的需求是否匹配时，不确定性高，信息处于高熵状态，因此必须借助经验、知识、原则、模式等既有的有序性体系降低信息的熵，以使信息具有有用性。这个在信息过程中承担着"校正高熵"职责的体系，被称为信息资源。信息资源可为特定的信息过程提供具有相关性的信息素材，提供具有一致性的共识、知识参考、公理、标准、思维逻辑、数据处理的既有模型等所有与特定需要相关的有序性储备，即相关性"负熵"。因此，信息资源是在信息过程中释放负熵，提高信息的有序性并赋予该信息有用性的不可或缺的部分。

在信息过程中，可以对参与信息产生的要素进行简单描述。

（1）信息主体提供了信息的原因和目的，是对信息进行界定的基本范畴，是构成信息体意义边界的要素。信息主体不一定出现在信息表达中。

（2）信息客体（也可以称为动态事件数据）提供了与信息主体目的直接相关的对象属性、特征及变化的数据，是与信息主体目的相关的事件或事物变化的可能性或概率。

第四，条件和背景数据为信息意义或有用性提供确定的或有序的说明，使信息的意义和有用性能够被确认。条件和背景数据不一定出现在信息表达中。

2. 信息过程中的信息资源效用

在信息过程中，信息资源因素是必要因素，是产生信息有用性的必要条件和必要环节。在一个动态系统中，能为信息主体提供正确或有用行动指导的信息，必须是由信息资源提供支持的信息，如果信息是高熵的、具有较高的不确定性的，它就失去了意义。

在一个信息过程中，信息主体达到信息目的必须具备两个条件：一是有明确的目的，即信息主体获取信息的真实需求是什么，这决定了构成信息的数据要素；二是能够为数据赋予与信息目的相关的意义，使数据具有与信息目的相关的有用性；这需要信息主体具有内在和外在的信息储备，包括信息主体的世界观、价值观、信念、知识等，以及储备在各类载体上的可以调用的信息资源。

可以假设以下场景，以说明信息资源在信息过程中的必要性。

某个临近毕业的大学生为找工作而获取信息，他要先明确信息目的——找到最佳工作职位。但仅有方向性信息目的在很多信息场景中是不够的，为使收集到的数据具有有用性，需要对信息目的进行结构化处理，将其转化为具体的、可以评价的信息目标，甚至为了获取精准的信息，还要建立目标函数。例如，该毕业生的最佳工作职位包括 3 部分内容：月薪在 10000 元以上；所选择的公司有比较稳定的发展前景；所在的城市有比较适宜的生活环境。把就业目的结构化为以上 3 个具体的条件，虽然这 3 个条件是信息主体根据自己的需求设定的，但这 3 个条件的意义是由没有显现出来的信息资源赋予的。例如，月薪 10000 元对于信息主体而言是多还是少？为什么是 10000 元而不是 8000 元，或者是 12000 元？这当然不是信息主体随机设定的条件，是他根据社会物价水平、地区物价水平及自己的消费需求综合确定的。再如，在多个备选公司中，对其发展前景的评估要有一定的标准，如具备什么样的条件才可能具有稳定的发展前景，每个条件的影响因素有哪些，这些影响因素会在多大程度上影响这些条件，条件之间的关系是否对稳定发展有影响，如何根据这些条件获取各备选公司的相关资料等。在设定信息目的后，还要从外部环境中获取相关数据，并以信息目的为基准使数据产生意义，使其转化为对信息主体有用的信息。

信息过程是信息主体根据自己的需求把环境变量带来的不确定因

素转化为可识别的、确定的因素的过程。在这个过程中，信息主体的需求偏好、思维模式、信念和知识等信息资源可以支持信息主体对数据的选取、识别、分类、定义，使数据转变为与信息主体目的相符的信息。还是以毕业生择业为例，在确定收入水平时，信息主体可能需要收集很多备选公司的新员工月薪数据，但事实上信息主体很难获得精确的月薪数据，信息主体需要对所得到的数据进行评估，在计算平均数时根据评估结果设计权值，得出自己需要的数据，再据此确定自己需要的月薪。在信息主体的价值观和环境变量数据的作用下，信息主体才能确定自己的月薪条件。通过对内在信息资源的运用，外部环境变量数据得以转化为对信息主体有用的信息。

随着人们获取信息所涉及的领域广度、时间长度的不断扩展，仅靠信息主体的内在信息资源不足以获得有效信息，解决办法是与信息需求同步扩展和增强信息主体的内在信息资源。学习、思考是基本途径，人与人结成社会关系、共同学习、共同思考也是基本途径。当然，最主要的途径是借助外部设施，使其替人完成将环境变量转化为信息的过程。这是信息技术发展的基本动因，也是人类越来越依赖大数据、机器学习、人工智能进行决策的原因。

信息资源要素在信息过程中的作用如下。

（1）提供与信息的动态事件相关的环境数据。

（2）提供信息的有序性或内在结构。

（3）提供一致性共识参考。

（4）提供概念表达的规范，包括词语标准、概念分类、数据定义等。

（5）提供可以相互印证和相互关联的模型、信念、事实等信息，为人类的认知发展提供支撑。

6.2　信息资源的补偿效用

从某个行为目的出发，信息主体获取的信息应能为行为提供一定的指引，如行为的方向、有效方法等。在信息技术不发达的时代，同样需要与主体目的相关的情况、环境及背景数据。

如果信息缺少与动态事件相关的参数和背景数据，就无法构成完整的意义，信息主体获取的可能是一组无法破译的编码或一组无法识别的符号。从这个角度来看，信息资源是不可或缺的。在特定目的下，信息必须与信息资源中蕴含的相关情况数据、背景数据进行匹配、比较及混合，才能被赋予有用性，即被赋予意义。

信息资源对信息有用性的倍增效应，是在所有信息过程中普遍存在的。例如，在电子商务平台中售卖的商品和服务都有评分、评价，评分、评价属于条件和背景数据，它在一定程度上提高了商品或服务信息的确定性，为商品或服务信息的有用性提供了说明。在短视频平台中，每个视频，都有点赞、评论、分享、模仿（转发、拍同款）及打赏等附属项。与电子商务平台中的情形相同，对于受众而言，视频是与动态事件相关的参数，而附属的评价、点赞、分享、模仿及打赏，则提供了对视频内容的认可或批评等观点，为主体信息提供了确定性（认可或批评），以及对视频内容进行了意义上的扩展或补充。总之，对视频内容有增益或减益的效用，不同的评论、分享和模仿等对主题信息的扩展或补充程度不同，对信息有用性的倍增效应也不同。在抖音平台上，信息资源对信息有用性产生倍增效应的事例有很多。例如，《沙漠舞厅》视频讲述了一对喜欢跳舞的夫妻，因妻子葬身火海，丈夫 30 年来再未迎娶，经常在舞厅独舞，表达其心迹。该视频突然间火爆全网，各种点赞、评论把歌曲的情绪烘托得极为丰富，加上大量模仿视频的发布，一时间，似乎每个观众都可以从中找到各种相关的情绪寄托，背后的故事在大量评论的加持下极大地丰富起来，使得该视频在短时间内形成了社会现象级情感议题，个人的情感信息快速膨胀，形成一个群体的情感信息。这就体现了信息资源的倍增效应。

6.3　大数据时代

我们处在大数据时代，信息技术前所未有地高速发展，为信息主体提供了满足信息需求的充分条件。即使在低成本甚至无成本的前提下，信息主体也可以获得与特定目的相符的大量数据或与信息目的相关的动态事件参数。同时，在信息技术发达的情况下，物联网、互联网、移动互联网正以前所未有的速度生产着数据，也在加快数据的离散化。

大数据既为信息资源提供了无尽的源泉，也成了保障信息有用性的巨大障碍。我国的人口多、分布广、差异大，需要构建海量的动态数据才能对新冠疫情实施有效管理，信息系统既要满足总体信息需求，也要满足每个人的动态信息需求。这个庞大的信息系统需要动态地、不间断地采集每个人的检测数据、疫苗接种数据、行程数据等动态变量数据，这些动态变量数据经整合、分类和标准化处理后，进入新冠疫情防控信息资源体系。如果没有这样庞大的体系作为支撑，在我国这样一个人口大国，是无法实现精准防控的。

海量数据为政府的决策和监管及个人的自主管理提供了基本依据。各种动向模型、有效管理模型等成为公共行为或个体行为的类比、参照依据。这个依据的丰富性、准确性、有效性决定了公共行为或个体行为的有效性。样本数据越丰富，构成事物内在结构、关系或模式的信息资源就可能越丰富、准确和有效，信息过程的有效性会极大地提高，产生巨大的信息资源倍增效应。

人类为获得社会行为的有效性，会预先制定战略或战术目标，制订计划或提前做出决策，目的是在面对不确定的未来时对将要发生的事项有比较准确的估算、推测和准备，在不确定的趋势中做出符合自身需求的满意选择。无论如何精心计划、合理决策，未来总会有不确定的事情发生，因为计划、决策行为毕竟是面向未来的。

因此，计划、决策等背后的逻辑如下：过去发生的事情，未来也有可能会发生。为了降低未来的不确定性，人们必须发现、探求、归纳并记录事物发生发展的规律、事物的内在结构、事物内部各要素之间的关系及其相互影响机制，并将其归纳、阐明、记录、积累及系统整理为信息资源，为事物的可能变化提供可以认知及把握的信息资源依据。正如老子在《道德经》中阐述的观点："执古之道，以御今之有；能知古始，是谓道纪。"用已认知的事物规律，来掌握今天和未来的事态变化；对事物演变原因和规律的认知，有赖于我们对认知过程的记录和积累。

信息技术设施的发达使得每项社会活动都会产生大量数据，大数据在各维度上极大地丰富了客观事物的整体轮廓和具体细节。大数据的产生往往是具有特定需求的，特定需求是收敛的，其他主体的其他信息需求相对于已经形成的大数据却是离散的。必须通过进行数据筛选、对比、归类、概括和识别，来发现数据可能具有的关系并构建数据模型，使我们对所要采取的行动有比较确定的预见。这种对大量数据中存在的内在关系或模式的识别过程，就是信息资源的形成过程，大量的离散数据被处理为具有内在有序性和结构性的有用信息资源。海量数据内在有序性、结构性的建立，不仅为个别决策或行为的实施提供了有力的支持，也为提高行为的可预测性提供了支持，更为我们发现事物发展趋势和方式提供了可能，可以帮助信息资源利用者创造更高价值，让企业发现更多的客户需求。信息资源的倍增效应十分重要。

对于大数据时代前的决策和计划来说，也需要通过分析来发现事物中存在的关系或运行模式，以提高对未来行为的预测的确定性。但是，由于数据规模有限，其对事物中存在的关系的描述就比较粗糙，预测的可靠性就比较低。例如，股票投资者对某只股票的价格波动周期进行观察，可能会发现股票指数的波动呈现周期性，如某个指数会呈现 21 周的短周期性或 34 个月的中长周期性。股票投资者一般会根据周期数判断该周期模式的稳定性，如果超过 3 个周期，就认为它未来再次发生的可能性较大。由于对周期的影响因素缺乏由大量数据做出的精细、直接描述，所以股票投资者得出的波动周期模式其实是因果关系不明的、确信度很低的概率性模型，周期再次发生的概率和掷骰子的概率差不多。

数据规模小，对事物内在有序性进行准确揭示的概率相对较小，意味着对未来的预测无法形成稳定和可靠的规律和模式认知，相关数据无法以知识的形态转化为信息资源，更不用说信息资源倍增效应了。大数据的意义就在于此，通过对大量数据的处理，发现并描述具有一定确信度和稳定性的关系模式和结构，数据转化为信息资源，并为人们做出与同类问题有关的决策提供可靠、稳定的信息资源支持，产生倍增效应。

下面以企业对客户行为的预测为例，对大数据带来的信息资源倍增效应进行介绍。

（1）大数据可以较好地发现客户的真实需求，避免由错配客户的需求与企业提供的服务导致企业销售失败。消费者的消费需求的呈现会受各种因素的干扰，往往不能以真实面貌呈现。利用大数据可以发现客户行为的确定性关联，并将确定性关联以系统性符号、数学表达式表达为特定的行为模型，将这些行为模型作为信息资源，可以去除认识客户需求时的干扰因素，通过对比、筛选，快速准确地捕捉客户的真实需求，实现需求与服务的有效匹配。只要企业利用大数据积累足够多的关于客户行为模式的信息资源，就能较好地实现批量化的客户真实需求捕捉。使得客户需求与企业提供的服务的匹配的有效性呈指数规律增长，充分体现信息资源的倍增效应。

（2）当理性主义完全渗入社会管理中时，管理者总是希望能够以"数"的形式对所有问题进行定量分析。定量分析需要有"数"，还需要针对问题建立数学模型。企业最重要的资源是客户，但对客户消费习惯、消费心理、收入水平、群体特征、文化特征、经济环境等的描述十分复杂，且各参数所能发挥的作用存在很大差异，建立有效的、置信度高的客户模型比较困难。大数据的作用不仅在于可以反映事物之间原本不易被感知的微弱却真实的关系，还有助于不断发现、验证和改善相关模型提高模型的置信度和有效性，并作为信息资源不断为决策提供信息依据。信息资源的这种倍增效用是非常强的。

（3）聚类和分类是客户关系管理的基本方式，客户特征的提取、确认，以及客户及其需求结构的准确构建，都需要对大量的样本进行学习、训练和优化。大数据使得对客户特征的提取和确认有较高的准确性和有效覆盖性，不仅有助于把握客户特征，还可以把客户特征扩展至一个群体，信息资源的倍增效应得以充分体现。

（4）无论是线上企业还是线下企业，拥有和运用客户数据，是保障企业生存和发展的基本条件，哪家企业的数据量大、运用得好，哪家企业就可能具有更大的市场竞争优势。在大量的客户数据中，寻找和发现某些客户行为的相关性，是企业应用客户数据的主要方式之一。大数据作为信息资源，可以全面地描述客户的轮廓，刻画客户行为，在客户行为中发现其长链条关系，从而准确地解读客户行为的含义，揭示客户的潜在意愿、意图，构建客户行为模型并确定其适用范围。这对于减弱数据的离散性并形成有效信息是非常重要的。

大数据应用方式的不断进化，逐渐改变了由少量数据、精确概念数据及单一数据关联构成信息的信息资源应用格局，同时，也在不断缓解由互联网高度发展带来的数据离散化和信息碎片化趋势，通过在大量离散数据中寻找和建立长链条关系，理论上可以实现从单调信息到丰富信息、从浅层信息到深层信息、从含糊性信息到确定性信息、从对个体的模式描述信息到对群体模式的描述信息等多方位进化，使得信息资源的倍增效应变得非常突出。很多流量性网络平台都是以这样的方式捕捉客户需求的，从而获得巨大的商业利益。

6.4　一致性共识

1. 信息的一致性共识意义

信息因信息主体的需求而产生意义。信息主体的需求是个性化的，但个性化的信息需求，无法使环境变量因素产生完整的信息意义，信息受以下两个因素的约束。

第一，人是具有社会性的，其行为及由此引发的信息需求大多也具有社会性，因此，即使是个性化信息需求，也要被赋予社会性意义，如果没有社会性意义，信息就会缺少现实性。可以这样简单地理解：虽然我们的意识是独立的、个性化的，但我们对事物做出的描述要具有普遍性。我们固然可以赋予某个事物以特定的、只有自己可以理解的名称，如把自己的宠物狗称为"小猪"，以对它比较胖这一特征进行描述。但这种独特的称呼，只能在有限的范围内产生意义。当主人在为他人的交流中提到宠物狗"小猪"时，需要进行某种程度的解释和说明，这样才能使他人理解"小猪"指的是那只特定的宠物狗。

第二，在信息主体的需求中，除了包含指向自身目的的价值因素，还包含客观的事实因素。这些事实因素是客观的，但并不一定能被每个信息主体认同和接受。如果信息主体的接受某个事实因素，就意味着这个信息主体形成的信息具有由一致性共识赋予的意义；如果信息主体不接受某个事实因素，则该事实因素会为特定信息赋予不同的意义，在这样的情况下，信息主体基于同样的信息目的、面对同样的情景，得到的就是不同的信息。例如，为减小被病毒传染的概率，佩戴按照防护要求生产的口罩是一种共识，但不是所有人都认同口罩的防护作用。

2. 信息资源是一致性共识的基础

对于信息主体而言，信息是其在特定目的的约束下，对相关环境变量进行收集、识别和确认的结果。但根据信息主体的信息目的把由相关环境变量形成的数据转化为与信息目的匹配的信息的过程则要依靠主体认知实现。以一致性共识为基础的主体认知为事物赋予了一致性概念，而一致性概念的形成是信息资源的基本活动。

主体认知以人类对客观世界的认识和探索活动，以及在认识客观世界的过程中形成的知识为基础。由既有知识构成的事实，必须经过分类、描述、定义和标识，以及交流、传播、应用，才能形成一致性共识，才能为信息赋予特定的、在一定范围内被认同和接受的意义，上述活动就是信息资源活动。任何信息所表达的概念，都必须经过某种程度处理并以可以被广泛接受的形式表达的。概念的定义以既已存在的信息资源为基础完成的。即使完全创新的概念，创作者也需要用可以普遍接受的表达形式（如数学形式表达），以使得该概念可以被广泛接受。

通行的语言、具有广泛性的标准化的概念体系，如作为标准的分类体系、主题词表或本体表达标准等都是概念的共识形式。一致性共识指的并非这种形式的共识，而是指在一定领域范围信息资源的基础上，通过信息的交流、传播和使用获得的对某些事物概念所形成的一致性倾向的共识。这种共识的一致性不是基于某种官方的或正式的标准化规定所形成的共识，也不是在某些对概念的语义要求比较严格的领域强制性规定的共识，而是带有某种自由趋从特征的共识。一致性共识的概念以既有的信息资源为基础。

早在 2500 多年前，老子在关于如何认识客观规律的论述中就提到了一致性共识的作用，指出："自古及今，其名不去，以阅众甫。"在信息过程中，对事物的一致性共识——"名"是认识众多事物变量（众甫）的基础；只有"名"存在，我们才能区分万事万物。只不过，在老子生活的时期，由于记录方式较为原始，且存在概念的交流、应用纠错、校正及接受适应性等问题，形成共识的周期可能会很长，有的概念甚至难以形成共识，从而导致信息的共同意义难以形成。这其实是由技术的局限性导致的，技术上的落后使得信息资源在体系性、完整性、可获取性和有效性等方面存在不足。

当前，社会上的信息资源活动已成为重要的基本社会活动，随着知识分类体系的完善，事物概念的明确，术语、主题的标准化，元数据标准体系的建立，大量数据字典、交换接口及网络检索标识、文献主题链接等的构建，信息资源活动越来越广泛，影响社会的方方面面，特别是在互联网成为主要的信息交流方式后，信息活动的普遍性、深刻性远超以往，大量离散的信息行为，需要以信息资源为基础不断形成一致性共识，这样才能满足人们的信息需求。

3. 速效网络与速效一致性共识

当前，短视频平台大行其道。一些人可以借助这样的平台在一夜之间获取大量关注，成千上万名访问者集中讨论某些话题，发表拥护、喜爱或反对的态度，某些观点、理念或体验在极短时间内就会登上热搜榜，快速形成一致性共识，该一致性共识又会通过移动互联网快速传播，从而在社会上快速流行。参与形成关于短视频内容的一致性共识的人，不仅包括认同内容的观点、信念、情感或社会倾向的人，还包括反对相关内容的人，所有参与者都是这个一致性共识的贡献者。在速效网络上，讨论者的意见越对立、争论越激烈，就越有利于一致性共识的形成。这实际上是通过网络快速完成原本依托传统信息媒介以缓慢方式完成的信息资源过程（包括概念定义、概念调整、概念扩展等）。在速效网络上，在这样的信息资源过程中形成的一致性共识大多是模糊的、不确切的、不完整的，也正是具有这样的特征的一致性共识，才适合速效网络，因为模糊的、不确切的、不完整的概念能聚集大量讨论者，他们会以与短视频中部分内容相同或相近的认识来进一步解释共识，按自己的认知填补他们所理解的共识的残缺之处。当然，这样的一致性共识有一个显著的特点，即聚也快、散也快。一旦官方或权威机构发布了定义得较为严谨的概念，这样的一致性共识就会快速瓦解，或者形成新的热点，使本就模糊的一致性共识快速淡化。

其实，短视频平台本身也为速效网络上一致性共识的快速形成做了很大贡献。后台必须能对海量短视频资源的主题进行精准提取，并将这些主题归到精细分类的主题库中。此外，需要预先规划主题的颗粒度、主题关联网络的结构，以及关联属性的幅度、频率、时效性等指标，使主题成为使受众形成一致性共识的基本线索。后台还要按照某种算法对受众浏览、关注的主题进行解析，完成大量的关联度取值、模型构建、关联分析工作，解析主题特征，建立用户特征动态视图，并将用户的精细信息需求与主题库中的主题匹配，形成一致性共识结构，并在一致性共识结构下聚集核心用户，为其推送特定视频、商品，从而实现精准推送。精准推送会快速聚集一致性共识的受众，放大推送信息的作用，使得一致性共识的信息丰度和内容广度快速提升，从而汇聚网络流量，通过大量的信息资源创造大量的信息收益并快速积累信息资本。

通过速效网络快速完成信息资源活动，形成速效一致性共识，已经成为常态，这也是利用信息资源创造信息收益和积累信息资本的重要途径，推动了大数据时代的发展。

4. 一致性共识的头部效应

互联网、移动互联网、智能互联网不仅使社会发展高度信息化，增大了信息制造力和信息传播力，还使信息出现前所未有的离散化趋势。很多人每天接收短视频带来的大量信息，却越来越难以认清自己的信息需求，难以把握正确的行动方向，这可能导致一些人放弃对自身目的的坚持，在信息海洋中随波逐流。

从信息主体的角度来看，在传统的信息资源背景下，人们思考和处理少量与行为直接相关的信息，自主进行的认知和思考多于对被动接受的知识的处理，即一般的决策过程是在自身认知能力在信息资源范畴内可控的条件下完成的。虽然认知的自主性不一定带来决策的有效性，但可以减小随波逐流地做出决策的概率。

在网络化造成数据和信息高度离散的背景下，一些网络公司借助平台优势，形成对数据的高度聚集和垄断，并进一步实现对信息内在关系的梳理、计算和整合，不断创建头部企业独有的大量单向一致性共识，并依靠这些一致性共识制造流行话题、吸引流量，左右一时的社会舆论或商业热点，形成一致性共识的头部效应，获得商业利益。而且，头部企业可以在不断进行的信息资源积累和运用中，利用一致性共识形成快、影响大等特征，逐步形成"数据霸权"，在与客户的关系中形成信息单向透明的一致性共识头部效应。基于大数据、机器学习、AI 等技术创造的一致性共识头部效应，虽然是算法在筛选数据，是机器在对数据进行训练并从中发现模式，但数据内部的逻辑相关性是客观的，或者说，大量影响商业趋势或一致性共识形成的因素是客观的。当然，这不是完全真实的情形，当数据的内在关系被发现并构成有实际意义的概念时，对具有"数据霸权"的机构更有价值的数据更有可能形成一致性共识，并

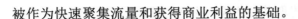

被作为快速聚集流量和获得商业利益的基础。

包括传统媒体在内的各类媒体可能也是一致性共识的新型应用者和拥护者。在新闻热点变化快、信息量巨大的背景下，新闻报道很可能被一致性共识的倾向性影响。

5. 一致性共识塑造文化意识形态

一致性共识是在形成比较牢固的社会意识形态的过程中出现的初阶意识形态。一致性共识在政治、经济、文化领域及日常生活中都会有所体现。

在商业领域，很多高明的商家常常凭借塑造一致性共识，潜移默化地建立其商品的牢固生态圈，通过塑造商品的一致性共识，逐步推动形成比较牢固的文化意识形态，最终达到其商业目的。

中国的茶文化历史悠久、源远流长，茶叶品类众多、口味丰富，饮茶器具也多种多样。可是，时至今日都难以得出比较清晰、稳定的流派。反观咖啡这种历史不是很长的饮品，口味单调，仅有酸度、苦度的阶梯变化，但以该阶梯变化为依据构建了清晰的口味系列。这种现象的出现有近代经济社会发展的功劳：经济社会的高速发展，以及包括商业活动在内的社会活动范围的扩大和频率的提高，使得人们关于饮用咖啡的体验建立一致性共识并形成稳定的意识形态的机会较大。但是，这不足以说明咖啡为什么能形成生态圈，茶历史悠久，味道丰富，既有稀缺的上品，也有大量流行的普通品，理论上应比咖啡具有更成熟的形成稳定流派的条件。问题的关键是，茶只有产品类型和产品品牌，没有成熟的根据某种品鉴感受建立的一致性共识，并在不断的体验交流中形成清晰、稳定的感受。

商业一致性共识的形成同样需要经历信息资源过程，并逐步由该一致性共识构成商业生态系统，大致路径如下：首先，要有概念设定。即在丰富多彩的茶文化中提取某种体验，并使之概念化。这个概念要明确标识出体验的内涵和外延，要对其文化分类有比较明确的定位。例如，茶汤颜色、香型、浓度、茶形等所代表的文化、情绪及匹配的情景和意境；配料、器具和操作流程与茶饮的组合意涵或体验。其次，上述系统化概念要通过推广和营销进入市场，让客户去体验、感受、评价，并根据反馈调整和丰富核心概念的内容及形式，使得该概念能成为一致性共识。再次，对初步建立的一致性共识及相关数据进行分析和概括，在有针对性的推介下，继续由市场强化某种文化意涵或体验的稳定化、程式化。对初步建立的一致性共识进行巩固，不仅需要大量反馈数据，还需要结合其他商品或消费体验信息。最后，重复强化比较成熟的一致性共识，并建立生态圈。从概念定义开始，到建立由大量结构化数据、属性描述信息、说明性知识、信念构成的信息资源体系支撑的可以有效运行的商业生态，就是对信息资源的运用过程。

6.5　规范概念表达

作为人类认知活动中不可或缺的基本元素，信息资源的一个重要作用是将分布式的、意义不够清楚的、表达不规范的离散信息转化为相对规范的、意义相对确定的、在交流或传递中可以达成共识的信息。这个过程可以是自然实现的，也可以是人类有目的的推动完成的。自然语言的形成过程和人工语言的构建过程其实都可以被称为信息资源的概念规范或标准化过程。可以把所有由离散信息转变为规范、确定性信息的过程称为规范概念表达的信息资源过程。

6.5.1　信息资源处理的主要方法

规范概念表达是最基本、最普遍的信息资源活动。这个活动不仅为信息赋予确定的表达形式，还为符号赋予特定含义，以使信息能在不同的人之间流通，保证信息可以跨时空传递。传统的信息资源行为，如文献分类法、关系数据泛化法、文献主题法、元数据标准化法等，都属于规范概念表达方法。

1. 文献分类法

文献分类法是应用最广的信息资源活动，是建立文献信息结构化的活动，也是规范文献范畴内所包含概念的活动。文献分类法通过对在文献载体所蕴含的信息资源中抽取出的全体概念进行区分，对每个区分出来的概念进行定义和描述，并采用确定的、在结构上具有明确区隔性的、没有交叠的符号表达概念，由此形成的类目就成为内涵比较确定的概念，由此划分的文献就带有特定类目规定概念的属性，即带有类目规定的信息。分类系统会通过类目层级的划分，使得人们可以从某个特定文献中获取内涵由相对宽泛到相对具体的信息，同级类目之间采用同一分类标准，使得特定类目呈现出具体的意义，并避免同级概念的意义出现交叉。因此，特定类目所表达的信息意义在某种程度上取决于类目关系和类目的比较意义。合理的分类法形成的分类标准，无疑是使得文献信息资源蕴含的概念得以规范、内涵得以确定的途径。随着某种分类标准的实践和应用，在分类标准所涉及的信息资源领域就会在某种程度上实现概念规泛化。

假设某个分类法设计得不够合理，导致在实际检索中，经常出现误检或错检，这从技术上来说是分类标准选取不准确、不科学导致内涵不确定的类目覆盖了具有不同信息内容的文献。需要对该问题进行调整和改进，以使类目能具有准确的内涵。这样的分类过程及其调整和改进过程，就是对特定范围内的信息资源建立规范概念的过程。一个分类法在特定范围内运行得越久，分类结构运用得越具体、越深入，该分类法所规范的概念也就越能成为人们认识、理解和利用这些文献的标准依据，进而影响人们对文献所涵盖知识的理解。当然，规范概念成为人们认识和理解特定范畴的信息资源所蕴含信息的依据是长期应用的结果，也是间接结果。文献分类法最直接的应用是作为人与信息资源之间的标准概念媒介，帮助人们组织信息资源，并使人们能够比较容易地在相应的信息资源中获得所需要的信息。

作为规范概念表达的方法，分类法的应用较为简单，所以应用也较为广泛，但对于表达概念体系而言，分类法是比较简约和粗糙的方法。由于分类法在每个层级上只能采用同一分类标准，以避免概念的重叠和交义，所以对信息资源属性和特征的揭示程度高低取决于层级的多寡，如果分类法层级过多，类目过于繁复，不利于组织信息资源，因此，文献分类法通过规范概念体系形成对信息资源的全面认识和理解是不充分的。再者，文献分类法对既有文献及预想文献进行规范，因此，虽然可以按照科学体系来设定分类标准和类目，但那不过是借助人们认知世界的既有成果对概念进行分类，并不意味着分类是完全客观的，从性质看，无论依据什么标准来构建分类体系，本质上都是主观的，是根据人们对资源内在结构的理解或对信息的需求构建的。进入现代社会以后，人们对档案信息资源的分类曾犯过"科学教"错误，法国人以科学为分类标准建立档案文献的分类体系，结果导致分类应用失败，因为人类活动不会严格按照科学活动形成的概念体系来进行，对人类活动形成的信息资源的划分也不需要体现科学活动的客观性和客观的关系逻辑。档案信息资源的分类体系还是以人类活动的自然结构为规范概念的基础，最后档案信息资源领域实际选择了将职能或社会活动作为分类标准构建分类体系，从本质上看，档案信息资源的分类是按照人类对社会活动结构的理解或对信息的需求方式来提取和规范相应概念的，并对特定范畴

的信息资源概念集合进行描述。

2. 关系数据泛化法

关系数据库数据结构设计采用的是与文献分类法略有不同的概念规范方式，即关系数据泛化法。两者的主要区别是，文献分类法利用层级分类标准确定概念的关系结构；而关系数据泛化法一般利用概念之间的逻辑关系建立指针联系。文献分类法一般从特定信息资源集的整体概念结构和相关性角度构建规范概念，分类的类目所形成的规范概念对信息资源集的内涵具有标定意义；而关系数据泛化法的主要目的是组织数据，并没有通过"实体"标定信息概念的直接目的，因此数据实体更强调其语义的单一性或单元性，更强调实体间关系的单指性或单一性，目的是提高组织数据的有效性、数据检出的准确性和检出效率。只要所规范实体的语义在逻辑上是单义的，实现概念结构化的泛化处理就能达到目的，因为其最终代表的数据是实体规定的单一语义，包含其他语义的数据会被置于单一语义的实体下。实体间的关系也是如此，从一个实体指向另一个实体可以提高检索的准确性和效率。

3. 文献主题法

文献主题法又称叙词法，是比较常用的规范特定文献集合内相关概念的人工语言。叙词，既作为标引词，也作为检索路径来使用。叙词可用于从文献内容中抽取、概括和定义主题词，并在进行规泛化处理后形成名词术语。

与文献分类法需要从整体内容出发构建概念关系后再形成个体概念不同，文献主题法从定义个体概念并赋予其规范标记符号开始，以形成对文献整体内容的描述。因为概念之间的关系不是固定的，叙词可以通过组配的方式进行信息检索。在组配时概念与概念之间可以构成同等关系、等级关系和相关关系等，与对文献内容进行概念定义并规范表达具有同样的意义，组配检索对形成特定信息资源集的规范概念体系具有重要意义。

叙词本质上是由人编制的用于实现人与文献集及信息对话的语言，因为叙词是被以比较严格的方式定义和规范处理的概念，所以其对文献信息的专指性较强，表现为检索文献信息时的准确率较高。同时，叙词可以进行组配应用，与文献分类法相比，其应用的灵活性更强。但是，文献主题法与文献分类法一样，作为人工语言，人对语义严格规范形成的专指性限制了其在应用中的概念扩展性和概念应用灵活性，也限制了体系本身随人类知识的不断扩张而形成新概念、新知识的可能性。在人工检索的情形下，检索效率取决于所使用的叙词对文献标引的准确性，主题词或叙词既表达了文献信息，又限制了对文献信息的表达，因为人规范的概念符号和逻辑关系是受人的能力限制和制约的。只有实现了比较完全的智能标引，才有可能使主题词或叙词体系成为人与文献之间更完美的沟通媒介。

4. 元数据标准化法

元数据的本质是数据，只不过它比较特殊，是数据、信息、知识或三者的集合，使用特定的符号、以特定的规定性，或多或少地表达着某个对象。这些对象可能是具体事物，也可能是意识或其他抽象概念。无论它表达何种对象，都需要有另外的数据来表示它存在的环境、存在的形式、记载的内容、内容的属性、内容的结构、人们对它的处理过程、它的用途，以及如何识别、如何应用和如何管理所表达的内容，这就是元数据。有人将元数据称为"关于数据的数据"。

元数据要对其他信息资源进行描述，应具有一般的描述结构。首先，要有被描述的主体，如果我们要描述《信息简史》一书，则这本书就是所要描述的主体；其次，要描述这个主体，就要使该主体与其他事物建立联系，如《信息简史》的作者是詹姆斯·格雷克；最后，围绕某个主体，可以有不同事物与之建立联系，以形成对主体的描述，如《信息简史》的出版机构、出版时间等。元数据的描述结构与语言学中的主谓宾结构类似，只不过这里的主语是一个实体，宾语也是一个实体，没有语言学中主语与宾语之间的语义关系，而是用一个实体来描述另一个实体的关系。以此结构为基础，在互联网上建立的三元组数据模型，成为描述互联网上信息资源语义的基础架构。

要使元数据能够描述信息资源，就要对概念表达进行规范，简单来讲，就是规定可以使用哪些元素来说明信息资源。这个规范元数据元素的规则集，就是元数据的模式。

元数据的模式规范了元数据应做的各类陈述，在此基础上，还需要规范编码体系，包括语法编码规范和词汇规范。语法编码规范规定如何表达或编制某种数据类型。词汇规范是指定或提供一个字符串集，使在元数据可以在表达特定类型的数据时使用受控的词汇。例如，著名的都柏林核心元素集推荐的主题元素受控词汇表之一是《美国国会图书馆主题标目表》。受控词汇表规范了相关领域的词汇，在使用元数据具体元素陈述信息资源时，元素只接受受控词汇表中的词汇，假设"元数据"是受控词，在表达元数据这一概念时，只能使用元数据，而不能使用"元-数据"或"关于数据的数据"等。

6.5.2　规范概念表达的管理意义

包括元数据在内的人工语言最基本的目的就是规范概念的表达，并在此基础上在人与信息资源之间构建关联通道，人们可以借助规范概念及由此形成的概念结构，在海量的信息资源中检索所需信息，对海量信息建立起以规范概念为边界的可控信息集合。同样利用规范概念，可以在可控信息资源集内构建信息结构，以使信息资源提升内在价值，提升可用性。

规范概念表达，在以纸质载体为主要信息载体的时代，可以发挥管理和利用信息资源的巨大作用。在以互联网为信息载体的时代，信息资源由原来的封闭型存在方式转变为开放型存在方式。对于使用者而言，由于面对的信息资源是无限的，信息是随机的，所以信息可用性是不确定的。因此，采用传统信息资源处理方式（预先进行可控信息资源的内部结构化，以及预先划定可控信息资源范畴、预先描述和定义信息资源中的信息实体）是相当困难的。在互联网时代，在信息资源集内进行"先组式"概念规范和信息资源实体标引，需要适应资源存在方式的变化，向着对信息资源进行分析、统计和计算的"后组式"处理方式转变。这种信息资源处理方式的变革是根本性的、趋势性的。但是，规范概念表达作为处理信息资源的一种基本方法，仍具有应用价值及对信息资源的管理意义。

电子政务是以互联网为技术基础的新型政务运行方式，其将传统的人工方式和部分电子通信方式转变为由计算机、互联网、电子通信等完全的电子技术方式。信息作为政务活动核心内容的本质没有变，只是在电子政务条件下的信息资源数量及处理强度增加了若干个数量级。

在电子政务环境下，政府的信息通道更开放。社会环境的充分网络化、电子化和数据化，不仅使政府在对社会的服务层面实现了跨越空间和时间的无缝连接和充分联系，也使政府的各职能机构在层级上实现了联通，政府与社会的信息沟通和联系不再局限于某些特定渠道，信息的多层次、多渠道交换，不仅使政务行为在实质上趋向扁平化，也因数据离散性增强、信息的不确定性增加而极大地提高了在网络环境下政务行为的复杂性。

电子政务运行环境改变了政府要素的关联方式和运行方式，但不能改变政务系统处理信息的基本性质，无论运行平台如何变化，政务活动收集信息、处理信息、传递信息，并在此基础上进行决策和实施政务行为的过程是不会变化的。因此，政务活动依然必须通过信息概念的规泛化来保证整个政务系统信息的一致性和信息行为的有效性。政务系统中的信息没有确定性的概念规范作为基本维持体系，不同人员的行政行为就无法产生政务系统所需要的价值，就无法做出有意义的决策。

某地区的税务管理机关，在进行电子政务系统升级改造的规划过程中发现了一些问题，最突出的问题是，四大电子业务处理系统十多年来积累了大量的业务数据，这些数据堆积在备份数据库中，完全没有得到利用，因此其对税务管理决策信息化的需求十分迫切。招标聘请了外部公司，开发了税务管理决策系统，在进行系统测试时发现了更大的问题，决策系统输出的各类图表都明显与专业常识相悖，存在明显的错误。经过反复检讨和核查，发现问题如下：虽然四个系统各自建有数据字典，但缺乏统一的业务数据概念规范，各系统按照自身的要求规定数据格式、定义数据，而且由于各系统都经历过系统升级，在系统升级中对数据的变化也采取了比较随意的处理方法，进一步加剧了数据的混乱。针对这一问题，该税务管理机关在全面梳理税务系统及本机关的业务事项和数据时，在对全体业务要素进行结构化描述的基础上，对全体业务数据进行了统一规定数据格式、统一定义数据含义、统一规范数据结构与关系等数据概念规范工作，保证了数据建设和使用的全局一致性，实现了从业务数据到泛化数据，到维度数据，再到指标信息的全局全层次统一。

下面从政务职能、政务流程、政务评估体系 3 个方面阐述政务系统的概念规范。

1. 政务职能中的概念规范

分工原则已经全面渗透到现代社会活动中，包括企业和政府。政府的分工，是以政府对部门职责的划分及对职责的规范说明为基础的，一般包括职能范围、职能目的、职责与任务、人员要求、职责考核评价指标等。这实际上是对分工基础上的职能进行规范表达，在进行规范表达后，无论每项政务行为涉及多么复杂的业务关系，都会被相对准确地界定和表述，进而使所有支持政务行为的信息能够得到精准的表述，在意义准确的表述下，政务可以有效运行，不至于出现混乱、偏差、交叠或无法评价的情况。对政务职能、职责进行概念规范，会形成包括政务职能分类体系在内的用于说明政务活动的内在信息结构，这个内在信息结构的复杂度与政务职能的复杂度成正比，政务职能所包含的职责越复杂，工作事项就越复杂，内在信息结构也越复杂。除了职能分类体系，职能分支内的工作职责、任务、程序、工作标准、岗位规范、考核标准都是这个内在信息结构的组成部分，它们会随着政务职能复杂度的提高而变复杂。

我们应该清楚，政务信息结构是保证和维持政务行为稳定的基础，使社会活动中的政务行为具有确定性和输出的稳定性。政务职能的概念规范具有客观的局限性，为保证政务行为的确定性和输出的稳定性，职能概念规范和分类结构也要具有一定的确定性、稳定性，而且需要预先确定其意义、范畴等要素，特别是概念之间的结构关系。通俗来讲，如果职能概念规范缺乏确定性、稳定性，就可能导致不同部门的职能范围交叉、政务活动重叠等，轻则使公众的信息成本等提高，重则造成政出多门，甚至造成行政行为空白。随着我国行政改革实践的不断深入，职能交叉、重叠等现象越来越少。

当前，互联网已经成为社会基本运行平台，政务环境的开放性、动态性和公众主导性等特征越来越明显，这使得以稳定性、确定性为基本特征的原政务信息内在结构与运行平台越来越难以适配。建立在职能概念规范基础上的职能分工，最大的弱点就是信息输入的不确定对稳定的内在信息结构的干扰与冲击，这会使维持内在信息结构的纵向和横向概念关系发生变化，从而使内在信息结构无法正常运作，政务职能分工体系出现低效、错置甚至无效的情况。

一个经典的不适配场景是，一些职能部门无法有效处理过于宽泛的社会信息或没有明确目的的社会信息，从而出现失责、失误或应对错误的情况。

当前，智能终端已基本普及，自媒体日益成为日常信息流通方式，金字塔式的政务职能结构与扁平化、去中心化的社会信息交流模式存在比较严重的适配矛盾，由上至下的命令信息流和由下至上的任务源信息流稳定并存的政务职能结构会受到越来越大的干扰。如果政务执行层级遵从来自职能结构上层的命令信息流，完全不顾与本层级职能行为密切相关的信息，这样很可能导致政务行为失当。

与不同层级的职能活动具有关联的社会信息大量输入政务体系已成为常态。政务体系必须逐步转变传统政务运行模式，以适应社会信息输入态势，既然不能拒之门外，就必须建立与社会信息交流方式适配的新型政务运行模式。审视传统金字塔式政务职能结构的信息框架，其主要特征是"集中决策"和"依规执行"，即通过确保信息结构的标准性、稳定性，来避免政务行为的随意性，保证政务行为的目的一致性和准确性。这在社会信息流动比较慢且基本以广播式为主的社会形态下，是可行和有效的。但是，在新的社会信息技术条件下，如果不做出变革，最终必然出现政务职能低效或失效的局面。变革的关键是使传统政务职能结构适应社会信息流通形态的变化。简单来讲，就是针对"集中决策"和"依规执行"的特征处理信息输入的决策权问题。因此，基本可以确定变革的方向，即由"集中决策"变为"分布决策"。决策的本质是处理外部输入信息，所以可以将下放决策称为"下放智能"，即将处理变化信息的决策权下放。"下放智能"意味着原有职能结构的稳定性会受到一定的挑战，职能概念规范行为及其结果会由较为稳定的方式调整为较为灵活的方式，至少要适应社会信息流通形态的变化并建立新的职能概念规范机制。从政务实践的逻辑上看，这存在一定的矛盾，传统的职能概念体系的确定性和稳定性是保证政策得以准确有效实施的基础，但确定性和稳定性又可能导致其无法适应社会的变革，以及越来越复杂的社会需求变化。职能概念体系在不同的政务职能层次上过于灵活，可能造成政策的执行或实施过程缺乏统一性和确定性。这成为互联网时代政务改革的内在困境，这个困境不是调整机构设置、职能范围就能解决的。

面对政务职能概念规范问题，必须探寻科学的、适宜的系统方法，并将其作为不断优化和改进的工具。进行概念层面职能变革常用的方法是企业架构（Enterprise Architecture，EA）。

企业架构的基本思路是对一个组织职能的分解、分析提供通用参考模型。这个模型在任务层次、职能分工方面定义了相应的概念、确定了概念规定的模块与模块的恰当关系，形成了具有某种导向的职能概念规范通用方法和分析模式。

其对于识别一个组织内在概念结构中存在的问题，从而改进和优化组织职能体系，具有良好的工具价值。西方很多政府在 EA 的基础上发展了自己的政务职能概念规范分析框架，比较有名的是美国政府的 FEA。

FEA 是一个以业务绩效为导向的职能概念分析参考模型，其基本应用逻辑是将业务目标和绩效作为规划和定义职能概念的准则，所有的职能及概念都是根据业务目标和绩效规划、定义的。EA 的作用是在业务层次和业务线两个维度对由政务目标驱动的职能概念进行区分，通过确定职能概念在业务层次上对目标和绩效的贡献方式，来确定业务线上的不同内容，以形成比较准确的职能概念规范。作为政务职能概念结构变革和优化工具，FEA 有两类基本价值：一是将业务目标或业务绩效作为规划和定义职能概念规范的准则，形成以业务结果为导向的职能概念优化模式，有利于避免由政务职能概念自我定义导致的自我优化情况；二是政务职能概念优化有一个科学有效的分析架构，能够在某种程度上适应社会需求快速变化对政务职能概念规范的调整和优化需要。

2. 政务流程中的概念规范

政务活动必须通过信息的获取、表达、处理、传递等实现政务职能。一般将信息的流转与处理称为"流程"。在流程中运转和承载信息的是文件。在职能部门之间及岗位之间流转的文件承载着政府的决策、政策指令、事实数据，以及职能部门对某些事务的观点、意见，这些在政务流程中的数据或信息所要表达的是与政务职责相关的概念。这些政务流程中的概念，虽然有些是约定俗成的，但是其基本存在方式是规泛化的、体系化的。只有政务流程所流转、传递的概念是规泛化的、体系化的，才能保证政务信息对政策、政令和职能行为表达的准确性和认知一致性。

从完成决策的视角来看，可以将政务流程所实现的任务分为结构明确的任务和结构不明确的任务[1]。结构不明确的任务，从目的到工作方式，再到所依靠的信息，都具有很大的不确定性。这种类型的任务是政务流程应尽力避免的，主要问题是如果这类任务过多，会严重影响政务流程的效率。但是，结构不明确的任务又是不可能完全避免的，政务流程要具备将结构不明确的任务转化为在某种程度上结构明确的任务的能力，一个重要的方式就是对政务流程中的任务所包含的概念进行泛化处理，可以为任务相关概念赋予确定的含义，也可以将多义性概念拆分为简化性概念，并为分项概念赋予确定的含义。在概念之

---

1. 赫伯特·西蒙. 管理行为[M]. 詹正茂，译. 北京：机械工业出版社，2004.

间建立清晰的结构关系也是一种方法，关系数据泛化法同样适用于政务流程中任务的结构化。

在管理理论中，一般用价值链（Value Chain）描述和定义业务流程，这为认识政务流程提供了不同的视角[1]。按照价值链理论，从信息输入到信息输出的流程本质上就是价值链，可以将整个业务流程划分为很多独立的环节，每个独立的环节都是价值活动（Value Activity，VA），价值链上的独立价值活动由特定的信息处理活动构成，每个价值活动都会用到上一个价值活动输出的信息，同时产生下一个价值活动的输入信息。政务活动价值链是政务流程中相互依赖又相互独立的各项价值活动的集成，最终用公众满意度与政务成本支出的比率衡量。政务活动价值链不完全等于企业活动价值链，不能完全由货币衡量。

在政务活动价值链中，每个独立价值活动所形成的信息成果，本质上都是用一个或若干个标准概念表达的，人们运用概念进行思考，政务运用概念表达价值、承载价值、运转价值和输出价值。

下面大致描述一个政务概念在政务流程中的运行情况。

政务概念：完善本地区乡村振兴措施。

任务：完善本地区乡村振兴工作强化实施方案、乡村振兴措施适宜性保障体系。

输入信息：中央乡村振兴政策、地方乡村振兴要求、本地区经济社会发展状况数据、乡村人口分布数据、乡村振兴政策实施数据、可以采用的措施与资源数据、既往乡村振兴实施效果数据。

政务活动价值链：适用乡村振兴政策分析、信息提取；适用乡村振兴政策指标分析、信息提取；全国及本省乡村振兴状况背景数据分析、信息提取；本地区经济社会变动数据、乡村振兴资源数据分析、信息提

1. 迈克尔·波特. 竞争优势[M]. 陈小悦，译. 北京：华夏出版社，2005, 8: 44.

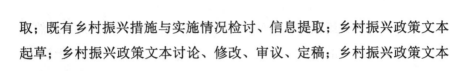

取；既有乡村振兴措施与实施情况检讨、信息提取；乡村振兴政策文本起草；乡村振兴政策文本讨论、修改、审议、定稿；乡村振兴政策文本批准、发布。

输出信息：乡村振兴政策文本；乡村振兴政策实施方案及落实计划；乡村振兴政策实施考核方案。

上述政务流程围绕乡村振兴展开，需要根据国家和本省的乡村振兴政策，对本地区既有乡村振兴政策进行完善，提出符合要求的新的乡村振兴政策。根据乡村振兴和乡村振兴措施这两个核心概念，还应根据政务活动价值链的需要提出更具体的政务概念，如"乡村人口平均收入""就业率""新业态增长率""新业态就业吸收率""新屋面积""迁移率"等，可以将其作为价值链中不同环节的核心工作内容，这些概念来自对输入信息的解析。各职能部门根据基本职责对标输入概念，通过调研、汇总数据、构建分析模型（包括数据分类对比）、分析数据、得出结论、撰写文稿、审阅修改和定稿发布等环节完成任务。根据政务核心概念得出价值链各环节的具体概念，对实现有效的政务信息输出具有基本的推进作用。

政务流程的概念规范有以下 3 种表现形式。

1）政务信息分类体系

一个机构的信息分类体系对其涉及的业务信息概念有结构性规范作用，政务信息分类体系一般依据该机构的存量信息资源所涵盖的内容构建，也可以在上级政务信息分类体系的基础上，根据本机构信息资源内容进行概念的补充、概念层次的细化。

分类体系中的类目本质上是一个个概念，每个类目都指代具有某种相同意义或特征的事物。对信息分类体系的基本要求之一是其应能覆盖本机构的所有信息资源，不能存在信息资源没有类别归属的情况。同时，政务信息分类体系的类目是基于机构的某些主要活动特征划分的，如将职能分工或依业务流程形成的部门、岗位作为分类标准。因此，虽然政务信息分类体系中的类目不是经过严格定义或语义约束的规范概念，但是其往往与机构的政务活动价值链中业务部分的内容性质相关，类目在很多时候也作为半结构性规范概念驱动业务运行，某些类目指代的政务概念可以表明某项正在进行的政务行为的内容性质和业务价值，以至于某些部门或岗位的职责说明也可以将分类体系中的类目作为概念基准，用于说明职责内容和业务要求。

2）数据元的概念规范

政务流程的运行及政务文件在流程中的流转，在概念规范方面存在两个基本问题：一是流转信息在全流程中的概念内涵一致性问题；二是全流程中的概念表达一致性问题。因此，概念数据模型要对业务流程中的业务实体及业务实体之间的关系进行定义，以保障政务流程的价值增值过程是准确、可控的。

概念数据模型的形式与词汇表类似，包括业务实体及业务实体之间的关系。业务实体是组织中的事物对象，事物对象以规范的数据集表达，数据集可以映射和指代业务实体及其关系。

概念数据模型至少应包含以下 6 项内容。

（1）谁（Who）——组织、人员、角色、服务方、协作者等。

（2）事物（What）——服务事项、职责内容、组织资源、评价准则等。

（3）时间（Timing）——事件或财政的周期等。

（4）哪里（Where）——上级机关、部门、岗位、辖区、外协、网络、特别渠道等。

（5）为什么（Why）——法规、政策、规程、指令、请求、申报、投诉、协调、查询等。

（6）如何（How）——流程机制、信息核查、信息流转、签注意见、内容审核、事项审批、提交请示、形成报告、发布信息、编写政策文件、下达指令、统计数据、证明文本、形成协议、形成标准等。

在上述 6 项业务实体范畴内形成概念规范，可以实现政务流程的两个一致性，特别是在电子政务背景下，政务流程更加需要全面系统的数据规范体系。例如，我国各地的电子政务都在推行"一站式"服务，需要构建信息交互模型，通用的信息交互模型如图 6-1 所示。

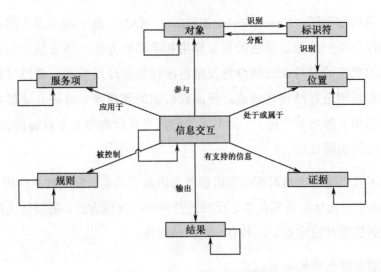

图 6-1　通用的信息交互模型

为实现"一站式"服务，必须建立信息交互模型，以对参与服务的相关机构的相应事项进行规范处理。例如，对参与交互的对象进行概念规范，赋予其标准的标识符，并为特定的对象提供位置指针。对象包括所有参与服务并可以用数据表达的实体，如机构、人员、任务项、处理环节、文件等。有了标识符，在"一站式"服务体系中的所有对象就有了统一的身份码，可以根据服务项进行跨机构的数据可靠调用和共享，支持任何岗位发起服务请求，能够有效获取数据及对数据变化进行有效管理。

3）流程机制概念模型

对于政务流程机制来说，有多种建模方法，根据不同的模型应用目的，各种建模方法描述的侧重点有所不同，对流程的结构化有不同程度的揭示。就流程机制中的概念规范而言，流程机制的建模方法主要是对少量的要素进行形式化，为基本流程要素赋予规范的意义，目的是构建规范的流程框架，以适应对一般业务流的分析和结构优化。下面以"角色行为图"为例来说明建模体系对形成流程机制概念的作用。

角色行为图（Role Activity Diagram，RAD）是一种用固定的符号描述流程中的角色、角色的相互作用和活动的方法。该方法用规范的概念和确定的符号来表达角色及角色的行为和作用关系，通过对复杂的流程机制进行结构化表达，使流程机制的创建者、改进者掌握主体之间的相互影响和作用，了解不同的角色及其行为与业务目标的关系，以及如何实现目标。

形式化建模工具对规范的流程概念的建立具有一定的约束作用，但是，由于形式化所规范的要素反映的是特定的建模方式，需要形式化的实例必然带有特定要求，具有一定的局限性。

规范概念要素如下。

角色（Role）：角色描述了人的某种行为类型，角色是单独的行为主体，但可以与其他角色沟通。

操作（Action）：操作是角色单独执行的活动，执行一个操作就是将角色从当前状态转移到下一个状态。

状态（State）：对活动的前提条件、前提操作和结果的描述。

交互（Interaction）：不同角色对同一对象进行的操作行为或共享行为。交互的结果是涉及的所有角色都从当前状态转移到下一个状态。交互必须有发起角色，交互是同步的。

控制（Control）：对流程路径的判断和选择。路径选择包括"与"选择和"或"选择，受控路径没有顺序限制，可能有多个路径供选择，但只能选择一个路径，当所有路径再次连接在一起时，表示所有路径都已完成。

迭代（Iteration）：重新审视事项的状态，以循环线表示回到角色的上一个状态。

3. 政务评估体系中的概念规范

绩效评估既是一种实证性研究，也是一种管理控制。绩效评估包括绩效测量、绩效评价和激励（结果运用）3 项内容。其中，绩效测量是持续收集和报告与绩效相关的信息的过程，主要衡量和跟踪政策、项目预期目标的进展状况；绩效评价主要提供证据，以说明为什么目标已经达成或无法达成，旨在说明因果关系；激励是对绩效测量和绩效评价结果的实际应用[1]。

政务活动的绩效评估，就是把政务活动运行中的实况信息抽取出来，与相应的业务标准体系比较，并对比较的结果做出评价，以对政务活动进行控制并保证政务目标实现。由此可见，政务评估体系必须以政务概念规范为前提。政务评估体系中的指标必须是精心设计的，指标的概念必须是语义清晰、表达准确的，在表达形式上必须符合相关数据规定。否则，政务评估活动无法实现评估的目的，不具有有效性。

政务评估体系可以采用不同的逻辑框架构建概念规范标准，"变革理论"中的结果链方式比较常见，它从投入、行动、产出、成效和影响等活动节点抽取政务活动数据，并侧重在结果和成效方面对政务活动进行评价，同时根据价值链的结构对评价指标进行概念规范。评价指标中

---

1. 施青军. 政府绩效评价：概念、方法与结果运用[M]. 北京：北京大学出版社, 2016.

既有定性指标，也有定量指标，还包括基线数据（Baseline Values）和目标值（Target Values）。评估逻辑框架如图 6-2 所示。

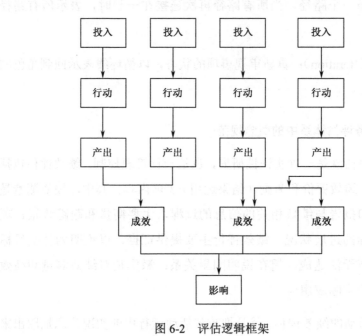

图 6-2　评估逻辑框架